体育教学理论与实践创新研究

高家良　郝子平　著

西北工业大学出版社

西　安

【内容简介】 本书包括体育教学论的发展演进及现实状况、体育教学方法论述研究、体育教学目标与原则、体育教学过程与控制、体育教学评价、体育教学资源的开发与利用和体育教学设计理论体系的构建等7章内容。

本书可作为相关专业以及从事相关职业的人员的参考用书。

图书在版编目（CIP）数据

体育教学理论与实践创新研究 / 高家良, 郝子平著
. — 西安 : 西北工业大学出版社, 2020.7
ISBN 978-7-5612-7199-5

Ⅰ. ①体… Ⅱ. ①高… ②郝… Ⅲ. ①体育教学—教学研究 Ⅳ. ①G807.01

中国版本图书馆 CIP 数据核字(2020)第139044号

TIYU JIAOXUE LILUN YU SHIJIAN CHAUNGXIN YANJIU
体 育 教 学 理 论 与 实 践 创 新 研 究

责任编辑： 李阿盟 蔡晓亮 **策划编辑：** 李 萌
责任校对： 孙 倩 刘 敏 **装帧设计：** 吴志宇
出版发行： 西北工业大学出版社
通信地址： 西安市友谊西路127号 **邮编：** 710072
电 话：（029）88493844 88491757
网 址： www.nwpup.com
印 刷 者： 北京市兴怀印刷厂
开 本： 710 mm×1 000 mm 1/16
印 张： 14
字 数： 217千字
版 次： 2021年1月第1版 2023年4月第2次印刷
定 价： 68.00元

如有印装问题请与出版社联系调换

前　言

体育教学理论是分科教学论的组成部分，是研究和说明体育教学的现象、基本因素、本质以及内在因素的一门科学和学科，其研究的主要内容有体育教学中的老师、学生、目标、内容、过程、环境、方法、评价以及它们之间的相互联系，这是概念。当前，科教兴国、人才强国战略全面推进，高校体育教学越发受到国家与社会的重视。高校体育具有重要的教学意义，能够全面提升学生的身心素质，促进学生身心健康发展。在教学过程中更新教学理念，以新的教学理论指导教学实践，能够更好地培养学生的意志力和综合素质，也能进一步提升体育教学效果。

20世纪80年代初，我国体育教学理论研究领域，出现了“百花齐放”“百家争鸣”的局面，开展了各种教学和教育研究，进行各科学术交流和探讨，广泛地介绍和评述了当代世界范围教学论的研究成果和发展方向，极大地推动了院校教学改革，提高了体育教学质量，呈现出我国体育教学理论的研究特点，即指导思想明确，“面向现代化，面向世界，面向未来”，而不是单纯着眼于解决当前的某些实际问题；探讨问题广泛，对古今中外教学理论上的问题做了再认识的探讨，力求取其精华，古为今用，外为中用，而不拘泥于已有的结论；研究方法趋于科学，特别是当代出现的系统论、信息论、控制论的方法以及实验方法普遍地受到重视；出现不同的教学理论主张乃至学派。可以看出，我国体育教学理论的发展已由借鉴、求索而进入了建设和完善并独具特色阶段，但同时，我们也应看到体育教学理论新的研究问题，预测发展方向，为素质教育服务。

本书立足于我国体育教学理论的发展现状，从不同的角度对当前体育教学理论的发展进行了剖析，主要包括体育教学理论的发展演进及现实状况、体育教学方法论述研究、体育教学目标与原则、体育教学过程与控制、体育教学评价、体育教学资源的开发与利用和体育教学设计理论体系的构建等内容。

在写作过程中，参考了众多专家学者的研究成果，在此表示诚挚的感谢。由于精力和水平的限制，书中难免存在疏漏之处，敬请广大读者不吝指正。

作　者

前言

目　　录

第一章　体育教学理论的发展演进及现实状况

第一节　我国体育教学理论的定位与发展演进

一、我国体育教学理论的定位分析

（一）体育教学理论的学科性质

学科性质是学术的分类特质，指一定的科学领域或一门科学分支的特质[①]。对一门学科性质的认定，关系其在科学领域的归属和分类等许多重要问题。体育教学理论的学科性质问题，是这门学科得以确定的基本问题，体育教学理论之所以能够独立于其他学科而存在，就是由其特有的性质决定的。那么，体育教学理论的学科性质是什么呢？

按照目前体育教学理论已有的科研成果及社会科学对学科性质整体归类，我们把学科的性质分为三类：理论科学、应用科学、理论兼应用科学。当然，我们对体育教学理论的学科性质的界定还不能简单地套用上述三类。因为对学科性质的界定还必须综合考虑这门学科的相关特点甚至相关的概念，同时受其他相关学科性质的影响。

体育教学理论是分科教学论的组成部分，因此体育教学理论的学科性质首先受教学论学科性质的影响。而人们对教学论学科性质的研究存在一定分歧，处在不断演变之中。17 世纪夸美纽斯在《大教学论》中就指出：“寻找一种教学方法，使得教师虽可以少教，但是学生可以多学。”他主要研究的是教育与教学的技巧、操作方法和策略等。这种教学研究的观点，长期以来得到西方学者们的赞同。坚

---

① 鞠峰．体育社会科学新学科形成的基本要素[J]．科技促进发展，2007(37)：19．

持这种观点的人，侧重于把教学论定位成研究具体的教学操作方法和技术的学科。而20世纪七八十年代的苏联和东欧国家的教学论学者则持不同的观点，如苏联学者达尼洛夫、叶希波夫在所著的《教学论》中指出："教学论是教与学的一部分。"它阐述教育和教学的理论；它研究的问题是学校教育的任务和内容，学生掌握知识、技能和技巧的过程；教学原则、方法和组织形式。他们认为教学论研究的是教学的一般规律，因此倾向于把教学论定位于研究教学一般规律的理论学科。

我国部分学者也对体育教学理论的学科性质做了思辨性研究，如张学忠、毛振明指出："体育教学理论是集理论性和应用性于一体的综合性学科。前者说明体育教学理论是研究体育教学现象、特征、本质和规律等基本问题，不断提高体育教学基础理论的科学性和系统性，含有理论性学科的特征；后者说明体育教学理论研究的基本理论要运用体育教学实践，从而指导和服务于教学实践，含有应用性学科的特征。因此，具有综合性学科的特征。"①还有学者认为，体育教学理论属于应用理论研究，其研究的根本途径在于通过研究体育教学活动和现象，揭示体育教学客观规律；通过建立具体而系统的体育教学范畴和理论体系，说明和解决体育教学活动的关系和课题，并运用到体育教学实践中去。②

体育教学理论作为教学论的分科教学论，它的学科性质要在综合教学论的认识基础之上，并且结合体育学科自身的特点，概括出体育教学理论的学科性质。体育教学理论不仅要有体育教学理论知识的教学，还要把这种理论应用到实践教学。因此，体育教学理论既要根据体育教学实践发展的需要，总结出各种类型的具体教学模式、教学策略、教学设计方法、教学技术等，还要在这些实践中总结、概括出普遍的规律，以便更好地指导理论教学。因此，本书最终把体育教学理论定位精要概括为实践性很强的理论型应用学科。

(二) 体育教学理论的研究对象

任何一个学科的发展都应有一个核心领域，也就是说，都有其特定的研究对

① 张学忠，毛振明．体育教学理论的概念、性质、对象和任务的研究[J]．成都体育学院学报，2005，31(4)：108．

② 张志勇．体育教学理论[M]．北京：科学出版社，2005：17．

象。特定的研究对象是一门学科产生和存在的客观依据。因此，明确体育教学理论的研究对象，是实现体育教学理论科学化的首要问题，对体育教学理论的学科建设与发展具有十分重要的意义。那么，体育教学理论的研究对象是什么呢？究竟如何确定体育教学理论的研究对象呢？

针对上述问题，笔者认为，确立体育教学理论的研究对象必须把握以下几个方面：一是体育教学理论所确定的研究对象是客观存在的，但这并不是说体育教学领域中所有客观存在的都是体育教学理论的研究对象。二是要区分体育教学理论概念的内涵与体育教学理论的研究对象。体育教学理论的定义是揭示体育教学理论这个概念所反映的对象的本质属性，体育教学理论的研究对象是指体育教学理论要研究什么。三是要区分体育教学理论的研究对象与研究任务。体育教学理论是研究体育教学一般规律的科学，并不等于体育教学理论的研究对象就是教学规律。四是体育教学理论的研究对象是由它所要解决的特殊矛盾的任务决定的。要界定体育教学理论的研究对象，就要弄清体育教学理论所要解决的特殊矛盾是什么。体育教学理论之所以区别于其他学科，就是它是研究教与学的矛盾。因此，要抓住教与学这一本质的联系，也就抓住了教学研究的根本。五是要区分体育教学理论研究的客体与研究对象。体育教学理论研究的客体是整体的体育教学活动，我们不能把研究的客体纯粹地等同于研究对象，因为体育教学活动这一客体是学校体育教学活动所指向的对象。

根据上述分析，我们再来看目前已有的科研成果中对体育教学理论研究对象的界定。我国学者在这方面形成了不同的看法，归纳起来可以分为两类：一类是把体育教学理论的研究对象界定为体育教学的一般规律。樊临虎在其《体育教学理论》里认为："体育教学理论的研究对象是探索体育教学本质与规律，寻求最优化的教学途径与方法用于体育教学实践，提高体育教学质量。"另一类是把体育教学理论的研究对象界定为各种具体的教学变量和教学要素，如张学忠、毛振明认为，"体育教学理论研究的对象是体育教学问题"[①]等。

① 张学忠，毛振明．体育教学理论的概念、性质、对象和任务的研究[J]．成都体育学院学报，2005，31(4)：108．

从以上对体育教学理论研究对象的相关研究成果来看，把体育教学规律变成体育教学理论的研究对象；把体育教学理论的研究对象归结到体育教学活动中的问题；离开教与学的问题来谈体育教学理论研究对象；笼统地把体育教学理论的研究对象指向体育教学理论的概念等说法都有失偏颇。因为体育教学理论的研究对象是指要研究什么的问题。把体育教学理论的研究对象说成体育教学理论的规律，这就把体育教学理论研究对象与任务混淆了。

根据以上论述，笔者认为，体育教学理论的研究对象是从体育教学中所要解决的特殊矛盾、体育教学的任务及教与学的问题出发来研究体育教学活动中所面临和所要解决的问题。

（三）体育教学理论研究的基本范畴

对于一个学科来说，基本范畴无疑是这个学科最基本的问题。诸如一个学科的基本属性、研究对象、研究方法等都可以算作这个学科的基本范畴。由于体育教学是一个复杂教育现象的统一体，因此，我们想弄清楚体育教学理论的研究范畴，也要从多方面来考虑。首先，从体育教学理论的学科性质来看，体育教学理论是一门实践性很强的理论型应用学科。诚然，体育教学理论不仅要研究体育教学的一般规律，还要研究这些规律在教学实践中的应用，这都是体育教学理论的研究范畴，当然还包括体育教学理论这门学科的基本属性、研究对象、研究方法等。再者，我们从体育教学系统来考虑，构成教学系统的要素包括教师、学生、教材、教学手段、教学目的等，并且每个要素都在教学系统中发挥着独特的作用。其中，每个要素都是体育教学理论研究范畴的构成体。

本书认为，要弄清楚体育教学理论的研究范畴，不能从这些表面来看，我们要通过这些表面现象看到实质。体育教学理论的真正研究范畴，应该是能适用于任何体育教学活动；能保持相对的稳定性；能重复操作而保持相似结果的存在；具有矛盾的辩证统一性，以保证在范畴本身矛盾运动中揭示各种关系，形成理论体系；要具有结构性，在范畴因素之间构成一个有机体，并能进一步具体的演绎，形成完整体育教学理论体系。要达到这样的要求，我们要先弄清楚体育教学要面对的矛盾统一体。体育理论与技术最终要被学生所认识，因此，学生是认识与发展的主体，被认识的体育理论与技术是客体，而教师、教学环境等只是促进认识的媒介。主体与客体、主体与媒介、客体与媒介之间都存在矛盾。其中，主体与客体之间的矛盾转化上升的过程就是体育教学发展的动力，是体育教学理论发展的推进器。这就组成了体育教学理论研究的三个基本范畴：学生、体育理论与技术和媒介。在基本范畴的进一步演绎下，得出体育教学理论研究的内容体系。首先，学生范畴表现出来的研究内容有体育教学过程中的主体性，体育教学过程中的主体、客体，及其相互间的关系问题，如何培养学生的主体性发展问题等。其次，体育理论与技术范畴表现出来的研究内容有体育教学过程、体育教学内容、体育教学系统、体育教学规律与原则、体育教学方法、体育教学模式、体育教学组织形式等。最后，媒介范畴所表现出的研究内容有体育教学过程的主体性、体育教学目标、体育教学环境、体育教学艺术、体育教学管理与评价等。这些研究内容构成了体育教学理论的学科体系。

二、我国体育教学理论的发展过程

(一) 我国体育教学思想的溯源

根据历史学家与考古学家的研究，人类最少有 200 万年以上的历史。体育作为获取生存所必需的物质财富活动之外的一个社会活动特殊范畴，产生于原始社会的晚期(公元前 8 万年至公元前 8 000 年)，其训练的内容是多方面的，其中包括许多身体运动能力方面的训练。例如，骑马和骑马围猎是从事畜牧业的民族主要的谋生本领，因此青年们必须接受这方面的训练；在农业村庄，人们感兴趣的是摔跤、举重、舞蹈和养生术等，青少年则以学习这些内容为主。当时体育教育的最初内容就是通过成人接纳仪式而进行学习和训练。当然，不同的地域、不同的历史时代，体育教学的内容、形式均有差异。①

在我国体育教学思想形成、发展的过程中，首先要回溯到孔子的思想。孔子思想是中国教育思想之源，他的教育思想对体育教学产生了深刻的影响。例如，孔子所推崇的“六艺”非常重视人的身体的全面发展，他认为体育活动的情调应该是轻松愉快的，“君子之音，温柔居中，以养生育之气，百忧愁之感，不加于心

① 樊临虎．体育教学理论[M]．北京：人民出版社，2002：7.

也；暴厉之动，不在于体也”（《孔子家语·辨乐解》）。孔子的教育思想对我国当时的体育教育做了应有的贡献。

除了孔子的教育思想之外，其他思想流派也对我国体育教学理论的发展做了一定贡献。如以老子为代表的道家思想，《道德经》中的关于“无为而无不为”“刚则折，柔恒存兮”“柔弱胜刚强”“长生久视”之理，成为中国传统武术的方法论[①]，并被广泛应用到古代武术教学传承之中。在中国历史的发展中还产生了以淮南王刘安为代表的黄老学派的自然主义教学思想，以董仲舒为代表的经学教学论思想，以王充为代表的儒学异端教学论思想，以嵇康为代表的玄学教学论思想，以道安、慧远、葛洪为代表的宗教教学论思想，以颜之推为代表的儒道佛初步融合的教学论思想，以王通、韩愈、柳宗元为代表的重振儒道教学论思想[②]，等等。这些教学思想中都有中国传统体育思想的萌芽。

（二）近代我国学制建立以后体育教学理论的沿革

1．清朝末年我国的体育教学理论

(1) 初步引进。

在第一次鸦片战争之后，西方列强接踵而至，列强的豪夺给中国人带来了血的教训。不甘屈辱的中国人开始寻求强国之路，社会上开始出现一系列变革。在教育领域，清政府确立了“中学为体，西学为用”的指导方针。1862 年，开始兴建洋务学堂。在体育方面，1903 年清政府颁布了《奏定学堂章程》，规定了癸卯学制，并确立了体育课程的必修地位，体育课程在各级各类学堂里得到了快速的发展。新式学堂的发展，导致各科教师极缺，技术性很强的体操教学更是突出。1906 年，清朝学部通令全国扩大师范学堂名额，并命令各省在师范学堂设立 5 个月毕业的体操专修科，并开办培养师资的体操专修科或体育学堂。于是，我国开始专门培养体育师资力量。[③]

---

① 毕业，童莹娟，李秀梅．道家思想对中国体育文化的影响管窥[J]．体育文化导刊，2005(4)：75．

② 张传燧．论 21 世纪中国教学论发展趋向[J]．广西师范大学学报，2002，38(7)：32．

③ 苏竞存．中国近代学校体育史[M]．北京：人民教育出版社，1994：67．

从1862年开始兴建洋务学堂到1906年开办的专门体操专修科或体育学堂，虽然存在体操的教学，但关于体操教学理论的课程与教材在学校教育中还未出现，其他学科的教学理论亦然。期间已出现了有关教学理论方面的引进介绍，其中影响最大的教育专业刊物是《教育世界》。它于1901年6月创刊于上海，创刊伊始便系统地介绍日本学者汤本武比古所著的《教授法》，主要反映的是赫尔巴特的教学理论。除此之外，《教育世界》还介绍了西方教育家夸美纽斯、裴斯泰洛齐、第斯多惠、赫尔巴特等人的教学思想。虽然有了教学理论的介绍，但教育界对教学理论仅处在接触和理解阶段。在实践教学中，教学方法还比较混乱，教学方法各异，无一定程式。不过，在各种差异之中，有两种共通之点：第一，在竭力接受班级教授之分班组织、团体讲演等新方法外，仍保持中国传统讲学方法，不拘年限，各科须做笔记等；第二，中国的旧学问尚未被视为完全无用，故旧法尚于无形中有所保存。此期的教育力法，实是中西杂糅。

(2) 初建体系。

本阶段从1903年颁布《奏定初级师范学堂章程》到辛亥革命胜利初期。这一时期，之前的洋务学堂得到一定的发展，并且西方的教育理论通过派遣留学生、翻译西方的教育著作、创建教育学刊等方式在中国奠定了一定的基础，由此，我国的教授法著作开始出现，学校教育中也出现了教学理论课程。1903年的《奏定初级师范学堂章程》规定了“教育学”学科，分五年教学，第三学年是“教授法”。此外，我国学者还翻译了不少日本的教授法著作，如沈统翻译东基吉的《小学教授法》、董瑞椿译通口勒次郎的《统合新教授法》、山西大学堂译书院1905年译印神保小虎的《应用教授学》、章棂译田口义治的《小学教授纲要》(1903年上海会文堂印)等。

通过对日本教学理论的学习，中国学者应当时教学计划的要求开始编写教授法著作。其中有朱孔文编的《教授法通论》(时中学社1903年版)；《初级师范学校教科书各科教授法》(商务印书馆编译所1906年编纂)；《小学教授法要义》(木村中治郎、于沈编纂，蒋维乔校定)等。由于受日本的影响比较深，而日本的教学理论又倾向于赫尔巴特的五段教学法，我国的教学论教材所体现的多是赫尔巴特的教学方法。

由于现代意义的教学理论正处于刚刚接受和引进阶段，中国的分科教学论还未出现，这个时期的教学理论是各个学科通用的一般教授法。我们可从教育家的言论中分析。陈宝泉在为康绍言、薛鸿志编辑的《设计教学法辑要》作序时说道：“前清末造，初兴学校的时候，真不知教授法为何事。曾忆初到日本，一听老师讲五段教学法时，以为用科学的方法发展儿童的本能，实为新教育之最大特色。所以，当时管私所编辑的小学教授用书，以及各小学实用的教授方法，殆无一不是适用五段教授法原理的。”而据林砺儒等人说：“中国自有学校教育，其教授法即通用演讲式之注入主义，非惟中学然也。大抵文学、历史、地理等科，专赖教师之取材兴说明；即理科之实验，亦由教师行之，作为说明一种，学生旁观而已。学生之作业，除作文、演算外，惟图画、手工、体操，则非诉诸学生之动作不可，然亦不过模拟的作业而已，其教授之良否，则纯视教师准备教材之是否丰富，说明之是否透辟为断。总之，学生所得，殆出自教授之授予。”由此，可以看出，我国的体育教学理论还依附于教学论之中，没有分化出来。

2．新中国成立前我国的体育教学理论

(1) 继承清末体育教学理论。

1911 年 10 月，爆发了资产阶级领导的辛亥革命，不仅推翻了清王朝的统治，而且结束了我国两千多年的封建专制制度。1912 年 1 月，资产阶级革命党人在南京成立了以孙中山为大总统的中华民国临时政府，临时政府一成立就设立了教育部，由蔡元培担任教育总长，并颁布了《普通教育暂行办法》《普通教育暂行课程标准》等法令，之后在 1912 年 9 月颁布了《小学令》和《中学令》，建立了民国学制系统的结构框架，史称“壬子学制”。由此，一套相对完整的教育制度建立起来。新学制在体操课方面根据不同学段的学生制定了不同的教育宗旨，并且设置了相应的课程内容。此外，国民政府继续沿用“军国民教育”思想，对士兵体操的重视达到了高峰。

在这一时期，我国体操课的教学，从教学思想到教学方法都没有太大的进步，基本上是清朝末年教学理论的延续。如在体育课的教学方法上，1913 年 4 月 17 日教育部曾通令颁布《中等师范学校教员教学方法》：“凡中等师范学校，以后至第三学年始，任择何种科目，每周以二时或三时就教员所讲，令学生笔记。逐渐加强加速，仍由教员随时视察指正讹误。”由此可见，这时的体操教学仍以引进日本的赫尔巴特教学方法为主。

同时，我国学者也编著了一些教学理论的著作。在1912年教育部颁布《师范学校规程》和1913年的《高等师范学校规程》中都规定教育学科中包含教授法。在这一时期，我国学者编写的教授法教材有1909年白作霖编著、蒋维乔校订、商务印书馆出版的《各科教授法精义》；1913年商务印书馆出版的《教授法原理》；1916年蒋维乔编写、商务印书馆出版的《教授法讲义》；1917年钱体纯编写、商务印书馆出版的《教授法》；1915 年钱体纯、杨保恒编写，仇采、蒋维乔校订，商务印书馆出版的《师范学校新教科书教授法》。

在这一阶段关于体育教授法的教材开始出现，只是还包含在普通教授法之中。如蒋维乔编写的《教授法讲义》就分为两个部分：总论与分论。总论讲述的是教授之意义、教授之目的、教授之材料、教授之方法等；分论为修身、国文、算术、历史、地理、理科、手工、图画、唱歌、体操、农业及商业、英语等各科教学。同时，蒋维乔编写的《师范类学校教科书各科教授法》、李步青编著的《新制各科教授法》已出现在师范类学校的教授法教材中。这些教材都是在对普通教学理论论述的基础上，就各个学科进行论述，体育教授法包含其中。可见，体育教授法教材已经出现，但是还没有完全独立出来。

(2) 全面引进吸收期。

1919年五四运动之后，中国进入了西方教学方法的系统引进期。五四新文化运动所倡导的“提倡民主，反对专制；提倡新道德，反对旧道德；提倡新科学，反对迷信；提倡新文学，反对旧文学，开展文学革命”推动了中国教育的全方位改革，欧美教育家的教学思想得到快速传播，西方盛行的各种教学方法在中国得到快速发展。随着美国实用主义教育家杜威，美国学者孟录、推士、迈克尔等人先后来中国讲学，实用主义教育思想在中国得以广泛传播。

1919年2月，陶行知发表的《教学合一》系统阐述了“教授法”到“教学法”的理论思想，引起了当时中国教育界对教学理论的深刻探讨。之后，部分学校逐步把教授法改为教学法。与此同时，教学理论课程建设也得到了发展。1925年全国教育联合会《新学制师范科课程纲要》规定必修科目中有普通教学法、各科教学法、小学各科教材研究等。之后，教育部也颁布了不同的规程，来确立普通教学法和各科教学法的地位。

随着西方教学理论在中国的传播，中国学者的教学理论观点也随之发生改变。在教学方法上，由原来的赫尔巴特以教师为主导的教学理论，转变为注重学生的主体地位，教学方法由原来单一的灌输式转向启发式教学为主、其他教学方法兼顾。随着教育科学研究的发展，这一时期还出现了“教材及教学法”教材，这类教材一般分为通论和各论。通论对教材和教学方法进行总述，各论包含体育课。如 1933 年吴研因、吴增芥编写，商务印书馆出版的《师范学校高中师范科教科书小学教材研究》；1932 年朱诩新编著，世界书局出版的《高中师范教本小学教材研究》；1935 年吴研因、吴增芥编写，中华书局出版的《小学教材及教学法》；1935 年赵演编著，世界书局出版的《小学教材及教学法》等。

随着体育教学科研的发展，中国的“体育教学法”逐渐从“各科教学法”中独立出来，成为教学理论学科的一个分支。1933 年 7 月，吴蕴端著的《体育教学法》一书出版，该书分通论、各论两篇，是迄今为止所知中国最早的体育教学法专著，为之后的体育教学法从“各科教学法”中独立出来奠定了基础。

1937 年抗日战争全面爆发以后，中国社会陷入动荡，中国的教育事业艰难开展，体育教学理论的研究进入停滞期，在这一时期体育教学理论教材基本是以前教材的延续。

3. 新中国成立以后我国体育教学理论的发展

新中国成立之后，我国体育教学理论经历了曲折发展历程，这个发展过程大致可划分成三个阶段。

(1) 全面学习苏联体育教学理论阶段。

新中国成立以后，我国政府非常重视体育事业和人民的身体素质。毛泽东同志提出“健康第一”和“发展体育运动，增强人民体质”的方针。由于受苏联的影响，这一时期的体育教学理论、体育教学理论的教材与著作反映的都是凯洛夫的苏式教学理论。相比新中国成立前，此时的体育教学理论更加科学、系统。但是，这种苏式体育教学理论也存在很多缺点，比如它过于强调教师在教学过程中的主导作用，而忽略了学生的主体地位；过于注重在体育课堂教学中基础知识和基本技能的传授，教学模式过于呆板，限制了教师的创造性。

(2) 独立探索和遭受挫折阶段。

在 1960 年之后，原国家体委对体育课提出了要求："要切实上好体育课，应按照教学计划的规定，尽快恢复每周两节体育课，加强体育基本知识技能教学，认真提高教学质量。"我国体育教学研究尝试着结合各地的教学实际进入了一段独立探索时期。

在这样的背景下，我国体育教学研究者试图用苏联的教育理论来构建立足于中国实际的体育教学理论。1961 年和 1963 年先后编写了体育学院本科和中等体育学校通用体育理论教材，体育教学理论是其中的主要部分。在这一时期，虽然体育教学理论研究内容得到丰富，但在体系上仍未取得实质性的突破。

1966 年中国开始"文化大革命"，大多数地区和学校的体育课被取消，教学科研停顿下来，我国的体育教学理论与相应的体育教育事业也停滞不前，就连新中国成立后已取得的研究成果也遭到严重破坏。

(3) 改革开放，重新探索阶段。

"文化大革命"结束后，拨乱反正，我国进入新的历史时期。1978 年中共中央召开十一届三中全会，转移工作重心，开始建设具有中国特色社会主义的改革开放道路。在改革开放的浪潮中，我国体育教学理论研究出现了"百花齐放，百家争鸣"的大好局面。我国体育教学理论研究由封闭转向开放，体育教学研究界对国外教学研究信息，从内容到方法、从理论到技术，进行了广泛的介绍。并且，在回顾体育教学理论发展历史的基础上，对体育教学理论的一系列重大问题展开了深入的研究和探讨，如关于体育教学过程的本质、掌握运动技能与提高身体素质的关系、教学过程中的师生关系与地位。在原有的苏式体育教学理论的基础上，重新探讨和界定了体育教学理论的一些基本范畴，对教学规律、教学原则、教学方法、教学内容、教学评价等展开了认真讨论。其中，许多理论探讨取得的成果很快转化为教学实践，并孕育出许多新的与体育教学相关的分支学科。体育教学理论也正从体育理论中分化独立出来。

4. 体育教学理论建构独立体系

(1) 体育教学理论飞速发展期(1989 年—21 世纪初)。

这一时期，借助国内教育教学理论研究成果，部分学者开始探讨我国体育教学理论自身体系，许多学者、专家对一些体育教学的基本理论问题进行了较为深入的思辨研究。

在体育教学指导思想上，综合分析各种体育教学指导思想，确定体育教学要为“终身体育”服务。在体育教学内容研究中，发展体育教学过程理论，全面分析体育教学过程中相互联系的各个因素，强调体育教学中的“双主体”作用，丰富了教学原则和方法。在体育教学评价方面，重视教学评价理论，强调过程性评价对学生获得体育成就的作用，注重学生在体育教学过程中的心理水平监测，但在实际操作方面还存在一定困难。随着体育教学理论研究和体育教学改革的不断深入及 1988 年第一本《体育教学理论》专著的出版，不同版本的《体育教学理论》应运而生，关于体育教学理论的论文越来越多，研究范畴取得了新的突破，体育教学理论得到了飞速的发展。

(2) 体育教学理论成为一门独立学科(21 世纪初至今)。

21 世纪以来，体育教学理论已经初步成型，基本上有了自己的内容与框架，形成了自己的独立体系，得到了广大体育教育工作者的认同。2004 年教育部体卫艺司《普通高等学校体育教育本科专业主干课程教学指导纲要》中正式确定《体育教学理论》为“普通高等学校体育教育专业主干课程”，将“体育教学理论”从其他教学理论中独立出来。从此，体育教学理论作为一门独立的学科，担负起了传授体育原理、理论，培养体育教学人才的重任。

第二节 我国当前体育教学理论的现实困惑

一直以来，国内众多学者对体育教学理论的研究都是围绕着体育教学理论的科学化这条基本线索而展开的。体育教学理论科学化的实现，既有学科内在发展的必然逻辑，又有社会发展的外在需求和条件。就学科发育状况而论，在我国，体育教学理论已经成为体育科学中最有活力、成果最丰硕的领域之一。但是，我们也应该承认，体育教学理论要作为一门完整的学科，还存在着一系列不可忽视的问题。

一、体育教学理论研究的无序化问题

体育教学理论研究的无序化问题具体表现为研究方法的缺失和理论构建与实践指向的模糊。

（一）体育教学理论研究方法存在的问题

从哲学的角度讲，目前的体育教学理论所运用的哲学方法明显地偏重于认识论，而且没有充分体现历史辩证法的精神。从我国体育教学理论发展的历程可以看到，一百多年来，体育教学理论曾经发生过多次彻底否定与全盘肯定的现象。如新中国成立前完全肯定欧美“自然主义”体育教学理论，新中国成立后马上给予全盘否定，并建立了以凯洛夫教育学为基础的苏式理论，数年后又开始批判苏式理论的热潮。尤其是在体育教学理论开放发展的今天，我们的体育教学理论研究者在接受新理论的同时，往往会草率地否定以前的某种理论。

体育教学理论研究方法的缺失，还表现在对体育教学过程中的认识活动进行机械的、静止的分析，对体育教学过程客观规律的必然性、复杂性缺乏令人信服的论证，结论或要求的主观任意性、强加性比较突出。例如，我们大多数人都已熟悉的体育教学理论中的概念：体育教学目标、体育教学原则、体育教学方法、体育教学模式、体育教学策略等大都是从教学论、教育学中演变而来的，没有根据体育教学认识论来重新审视或再次抽象概括。

概括地说，当前体育教学理论研究方法的缺失主要表现为“双重替代论”和“无为论”。“双重替代论”是指我国体育教学研究的方法论的理论基础来源于教学论，而“教学论的理论基础长期以来只以哲学认识论为唯一理论基础，简单地用哲学认识论公式去套教学过程”。这导致我国的体育教学理论研究要么重复别人的话，要么借用别的学科的理论，支撑自己学科独立体系的理论不够。“无为论”

是指体育教学理论研究者除了移植教学论的研究方法外，在方法论方面再也无所作为，任其自由发展。

(二) 体育教学理论理论构建与实践指向的模糊

从对体育教学理论的学科定位分析得知，体育教学理论是一门实践性很强的理论型应用学科。这样双重的性质使得体育教学理论面临着双重的困境：一方面是理论研究迟滞，另一方面是与实践脱节，导致一线体育工作者不满和抱怨。

体育教学理论是一门理论学科。首先必须肯定的是，理论学科决定研究者研究的理论范型，但并不决定其在价值关系上也是理论的。换句话说，理论研究不等于理论本身，否则，只能导致理论的失真，即在理论研究中，我们不能为理论而理论。在这一问题上，目前我国体育教学理论学科的理论构建中普遍能看到"为理论而理论"的影子。很多研究者摒弃理论来自于实践的科学精神，一味地沉迷于从教学论"移植"相关的理论知识，并沉浸于教学、教学目标、教学本质、教学模式、教学策略、教学设计转化为体育理论的来回穿梭。这种过分拘泥于理论的研究，往往使研究者注意力分散，置活生生的体育教学现实于不顾，导致体育教学理论未能深入研究现实发展与展望未来的问题。

体育教学理论也是一门应用学科，其理论具有实践指向性。然而体育教学理论的实践指向性并不决定学科研究中的实用主义倾向。毫无疑问，体育教学理论要以实践经验为基础，研究和解决体育教学中的实际问题，并从实际问题的研究出发，构建自身的理论体系去指导实践教学，以此循环反复，否则体育教学理论就没有存在和发展的必要和可能。当然，体育教学理论在以实践经验为基础的同时，也应该注意以实践经验为基础并不等于体育教学理论就应该是停留在就事论事的表面思考上。这里主要是指一些学者对体育教学理论的研究，着重关注体育教学活动相关的、直接的、具体的操作，而对体育教学活动的联系性、普遍性等缺乏理性关照，缺少归纳反思、实践经验的工作。体育教学理论要指导教学实践，但教学论不能只知道个别特殊的体育教学活动，尤其不能只知道我们都已熟知的那些体育教学活动。体育教学理论不能只承认教学现实，不能只解决教学现实问题，应该在解决教学现实问题的基础上有针对性地把这种体育教学理论进行升华，归纳出其实质性的规律，使自己掌握的体育教学中的特殊规律上升到一般规律。但是，目前我们的体育教育工作者正缺乏这种能力，他们往往习惯于简单直观地解释说明教学实践中的现实问题，而不反思这些问题背后的实质，这使得体育教学理论的理论视野日趋狭窄，体育教学理论的研究成果日趋肤浅和零碎。

二、体育教学理论结构与内容存在的问题

对目前我国各师范体育院系比较通用的 6 本体育教学理论教材(樊临虎著的《体育教学理论》，夏思永主编的《体育教学理论》，龚正伟编著的《体育教学理论》，张志勇主编的《体育教学理论》，毛振明主编的《体育教学理论》，姚蕾主编的《体育教学理论学程》)进行比较分析，来看我国体育教学理论学科体系中存在的问题。

(一) 体育教学理论教材结构的比较

1．共同点

首先，这 6 本教材都是以体育教学理论学科的基本概念和范畴构造教材框架的。这些基本概念和核心范畴主要包括“体育教学”“体育教学目标”“体育教学过程”“体育教学原则”“体育教学方法”“体育教学模式”“体育教学评价”。其次，都试图寻找一种逻辑顺序来编排章节框架。如张志勇的《体育教学理论》在编写中就提到“在编写过程中，力图体现运用辩证唯物主义的基本观点，运用‘三论’的方法以及相关学科的理论作为科学基础，来研究阐明体育教学系统的各种关系”；龚正伟的《体育教学理论》框架则打破常规，把体育教学理论分为“体育教学基础论”“体育教学系统论”“体育教学过程论”“体育教学设计论”来编排框架内容。再次，结构体系保持开放性。不管是从体育教学理论的发展历程，还是从这 6 本著作，我们都可以看出，体育教学理论教材的结构框架一直在变化更新。

2．存在的问题

我国体育教学理论作为一门独立学科存在也就短短十几年时间，虽然在这之前有很深的理论积淀，但是其学科教材的结构框架还处于探索、前进阶段，还存

在一些问题。首先，体育教学理论的一些基本概念虽趋于明朗，但存在分歧，特别是一些概念、范畴的类型、层次、前后依存关系尚待厘清、反思。其次，体育教学理论应该是研究“教”与“学”的理论，应该涉及“教论”与“学论”。然而，纵观这 6 本教材，只有夏思永的《体育教学理论》提到了“体育学习”，而其他教材仅在一些章节中略有涉及。再次，怎样吸收、容纳新的成熟的研究成果，保持教材的开放性，是在已有的框架内将新的成果纳入原有概念之中，还是另设章节，嵌入原有框架，这都是体育教学理论研究者所面临的问题。

(二) 体育教学理论教材内容的比较

1. 共同点

纵观这 6 本教材内容，它们的作者虽然从不同角度来阐述体育教学理论的理论，但是由体育教学理论的任务决定了它的主要内容必定存在一定的共性。首先，体育教学理论的学科研究范畴决定了教材内容涵盖了以下内容：①体育教学的理论基础，即一般教学理论在体育教学中的运用；②体育教学的操作系统，主要涉及体育教学策略、方法、评价等；③体育教学独特经验的提升与理论概括。

其次，从理论内容的编排上也有一定的共性，都是在已有教学理论的基础上进行阐述，并试图有所创新、突破。

2. 不同点

首先，在内容的编排上，大致分为纯理论与理论与实践结合型。如毛振明与姚雷版本的教材在每个章节的组织上与实践联系得较为紧密。毛振明的教材每章前面有“学习提示”，然后是基本理论的阐述，在阐述过程中如有难懂的知识点，设立了“相关链接”帮助学生学习，每个章节的后面还有思考题。姚雷的教材每章的内容由案例开始，从问题入手，引出正文，正文之后是几点思考和本章的小结，最后是待讨论的主题和问题、理论付诸实践的活动和推荐参考文献等几部分内容，而其他版本教材在内容上都倾向于纯理论编排。其次，反映教学改革实验的方式有别：有的教材将同一改革实验置于教材的不同章节进行述评；有的放在教材开头；有的作为补充材料置于教材后面专章介绍；有的兼而有之。如龚正伟的教材把“体育教学研究”放在教材的开头，而其他版本则放在结尾。

3. 存在的问题

体育教学理论还处于发展阶段，并没有形成成熟的学科，因此体育教学理论的学科内容反映到教材体系中也存在一定的问题。首先，反映出来的是体育教学理论的教材都是一般教学论理论体系的套用，即人们所熟悉的“教学论＝本质规律论＋目的内容论＋过程原则论＋组织形式与方法论＋评价论”。这种理论体系，与鲜活的体育教学实践形成了尖锐的反差。其次，目前的体育教学理论内容还反映出，体育教学理论理论体系未能有效地吸纳当代哲学、教育科学、心理学的最新成果，诸如建构主义理论、现代学习论等，即使引进了新理论也没有完全吸收，并与体育相融合，致使体育教学理论理论的创造性不高。

第三节 未来体育教学理论发展及研究趋势

一、重建体育教学理论的研究范式

（一）体育教学理论研究的方法论的客观化

新中国成立后很长一段时间，我国体育教学理论都是以马克思主义体育教学理论的形式存在。马克思主义体育教学理论的主要特点，就是以辩证唯物主义和历史唯物主义特别是辩证唯物主义认识论作为自己的方法论基础。改革开放后，由于其他思想的引进，出现了批判以马克思主义认识论为基础的教学论体系的现象，他们认为其已失去先进性，与时代脱节，应该引进系统论、控制论和信息论的方法论。这是对马克思主义认识论的一种错误的认识。一方面马克思主义指导下的教学论是一个开放的体系，可以吸纳其他理论的研究成果。另一方面，我国一些学者认为，马克思主义的认识论是教学论的唯一理论基础，并就教学论许多问题争论不休，这都说明他们对马克思主义认识论理解得不够深入。如“控制论、信息论、系统论是马克思主义辩证法、认识论的具体运用，在马克思主义的认识论里已经包含着丰富的三论思想”。因此，我们首先要对体育教学理论的方法论基础进行再认识，树立正确的辩证唯物主义和历史唯物主义世界观。我们认为我国体育教学理论的研究方法论应该以马克思主义哲学基础为中心，以开放的体系批判地吸收其他方法论的精华，来拓宽体育教学理论体系构建的理论基础。

（二）体育教学理论研究方法的多元化

所谓多元化，是指体育教学理论的研究大量引进其他学科的新方法，对教学现象进行整体综合研究。体育教学研究方法将出现多元化趋势。因为任何单一的研究方法都难以探求日益复杂的体育教学活动规律。每一种研究方法都有各自的适用范围，也有局限性。体育教学理论只有博采各种研究方法的长处，克服现有研究方法的缺陷，逐步建立起一个适合本学科特点的、由多种多样的研究方法构成的体育教学理论研究方法群，才能真正适应教学论未来发展的需要。

首先，对体育教学理论认识现象的研究将出现宏观体系的构建与微观机制的分析同时进行。因为体育教学理论作为一门新兴学科，自身的学科体系需要进一步完善，而体育教学理论的根本就是处理在教学中出现的问题，对微观的教学现象进行分析。其次，注重定量研究与定性研究的互补与融合。再次，体育教学理论的研究方法将会继续借鉴和移植其他学科的研究方法。最后，体育教学理论的研究将由重视演绎推理转为归纳概括。体育教学理论在建立之初，多用演绎推理研究方法，但是体育教学理论要想独立健康发展，不能过分依赖演绎推理，因为上位学科的一般原理无法解决体育教学的特殊实践。

（三）体育教学理论研究模式趋于多样化

首先，由演绎构建学科体系转为关注实践问题的解决。我国体育教学理论独立之初就带有学科教学论所共有的特点，就是演绎教学论的学科体系，这是体育教学理论形成初期必须完成的一个过程，但是作为正在走向成熟的学科，首先要摆脱这种研究模式，建立问题研究模式。因此，体育教学理论的发展应该立足这些问题，注重理论研究与实践研究的结合。其次，体育教学理论研究出现以学为中心的研究转换。通过对体育教学的反思，我们发现在教学过程中体育教师忽视了学生的“学”，过分重视教师的“教”。因此，最近一次的基础教育课程改革中明确提出了“我们的教学要以学生的学习为主体”的观点。这就要求我们转变原来只注重“教”的理论的研究，进而转向以“学”为中心，构建“教”“学”并重的研究模式。

(四) 体育教学理论研究方式趋于合作化

首先，体育教学理论的研究手段出现合作化。体育教学理论和其他学科相融合，正利用其他学科的研究方法和手段。如与心理学的融合，使体育教学理论能运用心理学的实验方法进行教学研究；与运动生理学紧密联系，使体育教学理论可运用生理测量的方法进行教学效果的研究。其次，体育教学理论研究者之间出现合作化趋势。高校体育院系之间，形成体育教学理论研究中心，并定期召开交流会。再次，中小学教师的定期评课与交流。最后，高校教学论专家与一线中小学教师的纵向交流也是体育教学理论研究合作化的标志之一。

二、体育教学理论学科体系更加科学化

(一) 体育教学理论学科的逻辑结构趋于科学化

“学科”必须在一定程度上反映“科学”的结构。“学科”的内容不是片断的、枝节的知识集合体。“学科”不能没有逻辑，而且“学科”的逻辑应依存于“科学”的逻辑。也就是说，科学的逻辑框架在相当长时期内是相对稳定的，“学科”的内容应当依据这一框架加以厘定。英国教育学家穆尔在《教育理论的结构》一书中指出:“一种教育理论是一种逻辑上复杂的结构,可以用大量不同的方法加以评价。就它包含经验判断而言，要受有关的经验事实的检查；就它包含价值判断而言，易受各种哲学论点的责难；就它是一种论点而言，要受内部的一致性的检验。假如某种教育理论经不起其中任何一方面的检验，人们就不会用它来指导教育实践。”由此可以看出,理解一种教育理论如体育教学理论的逻辑结构是十分重要的。

要研究体育教学理论的学科逻辑结构，我们还要关注其学科性质，因为不同学科性质的体育教学理论就有不同的逻辑结构。我们知道学科可分为理论学科和应用学科，而前面我们把体育教学理论学科定位为融理论与应用为一体的综合学科。作为综合学科，它既要包含“描述—解释”的理论，又要包含“构想—规范”

的理论。根据穆尔的观点，教育理论是一种实践性理论，它与描述性理论、解释性理论(后两种又称“科学理论”)在结构上有很大不同。实践性理论开始于另一种假定:“事情的某种可能状态应该是这样的，而且要达到某种所希望的目的”“一种实践性理论必须始于目的或目标。然后人们必须确定，在既定的环境中，什么是实现这个所希望的目的的最佳手段……”“一种实践性的理论主要由一套有各种理由支持的建议组成”。它的结构可以用简化的方式表示如下：

1) P 作为一种目的是希望达到的。

2) 既然这样，Q 是达到 P 的最有效方式。

3) 因此，从事有关 Q 的任何事情。

接下来，根据穆尔的理论我们引入体育教学理论详细讨论各种假定，具体如下：

(1) 关于体育教学目标的假定。这些假定都涉及“要培养特定类型的个体和要实现特定的社会”这些价值的假定，且进一步假定这些目标都是有可能实现的。

(2) 关于受教育的人(一般是指儿童或学生)的本性的假定。其基本假定是人的行为有一定的可塑性，在教育儿童时所做的一切对儿童将有一定的持续的影响。

(3) 关于知识的性质以及教授这些知识的合适的方法的假定。这里的一个假定是知识是可以接受的。

如果说“(1)”是关于体育教育过程终点的假定，“(2)”是关于体育教育过程起点的假定，那么“(3)”就是关于如何把起点上的人引导到终点的假定。我们从以上的论述中可以得出体育教学理论的学科实践性理论的逻辑结构应该是目标假定、对象假定、内容和方法假定。

因此，体育教学理论的学科逻辑结构应该趋向于在对体育教学理论“描述—解释”的基础上，即对体育教学理论相关概念、发展历程等的描述解释的基础上，对体育教学实践理论遵循目标假定、对象假定、内容和方法假定的逻辑顺序进行阐述，这就构成了体育教学理论的逻辑体系。

(二) 体育教学理论教材趋于理性化

作为体育教学理论学科体系直接的反映，体育教学理论的教材体系发展呈现出理性化发展趋势。教材体系不仅从严格的逻辑出发组织教材内容，构建教材结构，强调教材的逻辑性，注重理性分析，力求把教学论知识囊括在严密的逻辑框架之内，而且兼顾了教材编写的规范。

1．体育教学理论教材内容的逻辑结构趋于科学化

体育教学理论教材内容的编排逻辑一直是困扰体育教学理论研究者的问题，本研究认为只有找到科学的逻辑线索才能解决这个问题。分析起来，“体育教学理论”知识大致包括三个方面：一是静态的“形而上学”知识，二是体育教学进程的动态知识，三是体育教学(理论)发展过程的动态知识。可以设想把这三者有机结合起来形成立体动态逻辑结构线索。笔者认为可以用“教学问题”作为“体育教学理论”的内容选择和组织的基本线索，因为体育教学问题既是作为科学问题提出来的，又是由我们在掌握已有的体育教学理论知识时整理总结出来的，实质上它们内在地统一了体育教学研究者的思维逻辑和学习者的认知逻辑。

对于体育教学实践，我们首先要面对：①什么是体育教学？体育教学作为一种教学现象和其他的教学现象是否一样，是否有自己独特的特点？对它的回答是肯定的。②为什么进行体育教学？这是体育教学的目的和目标问题。没有教学目标的教学就不能称为有目的、有计划的教学活动，体育教学目标是教师掌握教学的依据，没有目标也就没有了体育教学。③体育教学为谁组织、是谁组织的？这个问题是教学论中出现很早的问题，学生和老师的矛盾组成了学与教的主要矛盾。他们的关系与地位问题一直是教学论者热衷讨论的问题。④体育教学教些什么？这是关于教学内容的问题，我们组织起来的教学活动不是海市蜃楼，而是有实体教学内容的。这是所有教学现象的一个共性。⑤怎么实现最好的体育教学？这是体育教学方法问题。教学方法是教师根据教学目标和学生的学习情况所选择的有效的教学手段，教学方法选择的好坏关乎教学的“质量”和“效率”。⑥体育教学教得怎么样？这是体育教学评价的问题，不仅考查教师教学的情况，也考查学生学习的情况。这 6 个问题是体育教学理论领域一贯关注的问题。随着学科的发展虽然也有其他的一些新问题出现，但是这 6 个问题是主要问题。

根据前文所述的体育教学理论学科的逻辑，目标假定、对象假定、内容和方

法假定的逻辑思路，结合“教学问题”作为内在的逻辑线索，并考虑到科学研究一般遵循从特殊到一般、从具体到抽象的归纳逻辑，具有长期性，而学生学习过程则普遍遵循从一般到个别、从抽象到具体的演绎逻辑，教材应当遵循学生学习过程的规律。因此，笔者认为“体育教学理论”的基本内容及其结构应该是四个部分的顺序排列：第一部分，绪论；第二部分，体育教学理论原理，包括“体育教学主体与主导”“体育教学系统”和“体育教学内容”等；第三部分，教学方法论，由“体育教学目标”“体育教学原则”“体育教学媒体”“体育教学方法”“体育教学模式”“体育教学组织形式”和“体育教学评价”等7方面内容构成；第四部分，体育教学研究。

2. 与教材编撰原则紧密联系来编写教材

传统教材观下编写的教材版本，既限制了学生的学习，又限制了教师的教授，已受到很多学者的质疑。同时，我国从事出版工作的一些学者在与国外教材编写方法对比研究的基础上也看到了我国教材编写原则的不足，并提出了教材编写的一些改革措施。教材编写改革已经是一种趋势。因此，我国体育教学理论教材的编写工作应适应教材编写的改革趋势，除遵守教材编写的一般规范，还应该把教材编撰原则的发展趋势纳入其中。①在编撰原则上应遵循：多元化视角——教材应有清晰的逻辑结构，以不同的视角来解析教材的逻辑；国际化视角——在编写教材时，应参考借鉴国外相关学科的经验；密切联系实际——引导学生掌握解决实际问题的途径和方法；遵循学习和认知规律——教材的编写应重视学生自学能力和理解能力的培养，教材应多采用大量的例证。②在教材设计与编排方面：前言或序言——不仅要介绍该书的特点、特色、再版时增补的具体内容和原因等，还要向读者交代该书的使用方法，有哪些教学和学习资料等；目录——除正常的目录外，还可提供详细目录、图表目录或专题目录；参考文献——可以设计成引导学生进一步阅读的导读书目，书目的编排也应注重方式。

(三) 体育教学理论学科内容整合化

现阶段，体育教学理论学科内容的整合主要表现在体育教学理论研究成果的整合、体育教学理论与课程论的整合、体育教学理论与学习论的整合这三个方面。

1．体育教学理论研究成果的整合

它包含两层意思：第一，已有内容的整合。从前文的研究中我们知道，体育教学理论在20世纪末出现了飞速发展，特别是在成为独立学科之后，其学科内容迅速得到充实。但从6本教材对比中，我们可以看出，体育教学理论的学科内容反映在教材中，出现了总结、综合前人或他人研究成果时概括层次不高，未能有机地纳入自己的体系的情况。有的甚至给人以拼凑之感，材料堆积现象严重。这种现象已经得到学者的重视，近年来的体育教学理论教材都在努力对原有的内容进行整合。第二，对新出现的体育教学理论的整合。随着学校体育的快速发展，体育教学理论日新月异。体育教学理论作为一个开放的学科，学科的内容在不断地吸收、改造这些研究成果的同时，也在进一步提高抽象、概括水平，努力追求学科内容的整合。

2．体育教学理论与课程论的整合

我国基础教育正进行着新一轮课程改革，新课程要求教学的“动态化”“人性化”“探究性”，同时从课程目标、课程内容、学习方式、课程资源等方面提出了全新的理念，使得体育教学理论在处理教学实践时遇到很多新问题。如《全日制普通高级中学体育与健康课程标准》中把课程目标分为5个领域，那么我们在进行体育教学时，就需要思考采用什么样的教学方法、手段，运用什么教学内容来完成目标。此外，随着课程论研究的深入，课程结构已突破了以往单一的学科课程的格局，课程形态日益多样化，潜在课程、综合课程、活动课程进入人们的视野。体育教学理论作为培养体育教师、研究教学理论的学科，只有整合课程论的研究内容，才能满足自身体系发展的需要。

3．体育教学理论与学习理论的整合

随着体育教育研究的发展，体育学习理论逐步引起了体育教育研究者的重视。就传统的体育教学理论而言(乃至教学论)，都是注重教师“教”的理论，而学生“学”的理论要么只字未提，要么一笔带过。在诸多的教学论著作和刊物中都能

看到对这种现象的批评，但批评多于行动。然而，学习理论不管是对指导普通文化教学还是体育教学都起着至关重要的作用。特别是新课程改革，它要求我们的教学要以学生的学习为主体，要求教师不仅要知道怎么教，还要了解学生的“学”到底是一个什么过程。换句话说，就是不仅要知道教学理论的知识，还要知道学习理论的知识，更要能够把教学理论与学习理论密切联系起来应用于实践。因为我们只有了解了学生的学习是一个什么过程，才能更好地对他们实施教学，所以把体育教学理论与学习理论整合是很有必要的。

此外，各流派的学习理论家都纷纷提出了对体育教学具有指导价值的教学方法和学习方法，比如斯金纳的程序教学、班杜拉的观察学习、布鲁纳的发现学习、奥苏贝尔的认知—接受学习以及体育中的特殊动作学习等。虽然这些教学方法和学习方法很多体育教师都在运用，也有些体育教学理论教材对这些方法有所解释，但是大多数都只局限于方法的诠释，很少会对其真正的原理进行讲解。而笔者认为要想对某种教学方法或学习方法运用得恰到好处，了解其发生和工作的原理是很有必要的，而学习理论正好可以解决这一问题。因此，从体育教学的自身发展来讲，与学习理论整合不仅可以使理论更严谨，也能使其理论更完善。

第二章　体育教学方法论述研究

第一节　体育教学的基本策略

从整体性角度出发，体育教学策略可以表述为在体育教学实施中进行系统决策活动以达到最佳教学效果的动态过程，是通过概括地思考对体育教学活动全过程进行的整体性预谋划，是根据体育教育规律，作为体育教学设计的有机组成部分，在体育教学情境中为适应学生体育学习、活动的需要和完成体育教学目标而对多种体育教学方法的整合，并随体育教学情境变化而进行适时的调整。

一、体育教学策略的理论基础

(一) 体育教学策略的教育学基础——主体性教育

体育主体性教育思想是从对人的哲学分析入手研究教育对人的良好素质的全面建构，提出了三大主要思想：尊重学生主体性，促进学生个性自由充分发展，发展自主性、主动性和创造性。其实质就是充分尊重、发挥受教育者的主体性，培养具有主体性的人，是当代教育培养具有开拓创新性人才的时代要求体现。

学生的主体地位和主体性表现可分为四个层面：学生是学习的主体，学生是交往的主体，学生是自我生活的主体，学生是自我发展的主体。但是，受到学生自身的局限性的影响，主体地位、性质和形态尚处于初级的、软弱的阶段。

(二) 体育教学策略的学习论基础

自主学习、研究性学习、合作学习是当前以创新精神为核心的教育理念下课程改革所强调的三种学习方式。这三种学习方式各自包含着不同的意义：第一，自主学习是指学生自己主宰自己的学习，学生的学习具有能动性、独立性、有效性、相对性的特点。第二，研究性学习是一种以问题为载体、以主动探究为特征的学习方式，是学生在教师的指导下在学习和社会生活中自主地发现问题、探究问题、获得结论的过程。第三，合作学习就是在教学中运用小组学习方式，使学生共同开展学习活动。在实际的学习情境中，这三种学习方式虽然各自强调的侧重点不同，但存在着一种相互支持、互为补充的关系。

（三）体育教学策略的课程观基础

新一轮体育课程改革最根本的实质是体育课程内涵发展变化，教师的课程观必然需要发生相应的转变，主要表现在以下几个方面：第一，从强调体育学科内容到强调学生的经验和体验，把学生健康置于课程的核心位置，避免把课程与竞技运动等同起来，以保证学生的发展。第二，从强调体育教学目标、计划到强调体育教学过程本身的价值。把教学目标、计划整合到教学过程和教学情景中，以促进教师和学生创造性的发挥。第三，从强调单一教材因素到强调教师、学生、教材、环境这四个因素的整合，要求把体育课程变为一种由四个因素组成的具有整合性、动态性、成长性特征的完整文化系统。第四，从强调显性课程到强调显性与隐性课程并重，谋求在自由、富有创造性的教育环境和教学情景中达到两者的和谐统一。

二、现代体育教学的主要策略

（一）学生自主学习的体育教学策略

在体育教学活动中以学生发展为中心，充分尊重学生的自主性，发挥学生创造性，使学生在积极主动的体育学习过程中，获得独立处理和运用体育信息、体育资源的能力，建构完整人格；自主学习教学在学习内容、时间、地点、方式的选择方面，赋予学生相应的权利，并以学生行使自己的权利为原则，给予自学的机会，留给学生一定的时间和空间，让学生进行自主探索。在学生积极主动地学习过程中，采用不同步的教学与指导，做到“先学后教，先练后讲”。

（二）研究性学习的体育教学策略

在体育教学中学生利用已有知识、技能、经验去解决教材中或生活中的未知因素，通过“问、思、学、练”等方式，获得体育知识，增长体育能力，同时发展选择信息和探索问题的能力。在教学过程中，采用以具体问题为依托，利用学生已有知识和技能，通过探究和发现的方式习得知识和技能。从体育运动或现实生活中选择和确定研究主题，创设情景，通过学生发现问题、搜集处理信息、身体实践练习、表达交流等探索活动，获得直接经验，发展知识、技能、情感与态度。

(三) 合作学习的体育教学策略

在体育教学中借助体育活动团队的形式，以小组为单位，通过学生分工、合作、配合共同学习，发展个体的体育能力，同时培养学生的合作意识和能力。在体育教学过程中，以小组或团队共同完成某一任务，有明确的责任分工，相互配合，重点培养学生的协作、分享精神，为其在社会性群体中的适应和发展做准备。采取学生白愿组合为主，小组成员间合作性体育学习、活动，通过小组成员间的合作交流、互帮互助、取长补短来共同进步。

第二节　有效体育教学及教学方法

一、有效体育教学

“有效教学”理念源于20世纪上半叶的西方教学科学化运动。长期以来，学者们对有效教学一直有两种不同的理解：一种是强调教学的效率与效益，另一种则是教学的效果。虽然两种观点各有侧重，但有一个共同的特点，那就是有效教学必须是有效果、有效率和有效益的。

(一) 有效体育教学的内涵

有效教学的核心问题是教学的效益，即什么样的教学是有效的？是高效、低效还是无效？所谓“有效”，主要是指通过在一段时间的教学之后，学生所获得的具体的进步或发展。教学有没有效益，并不是指教师有没有教完内容或教得认真不认真，而是指学生有没有学到什么或学生学得好不好。如果学生不想学或者学了没有收获，即使教师教得很辛苦也是无效教学。同样，如果学生学得很辛苦，但没有得到应有的收益，也是无效或低效教学。也就是说，学生有无进步或收益是教学有没有效益的唯一指标。有效体育教学就是以尽可能少的体育教学投入获得尽可能多的身心健康和发展效应的体育教学。在有限的课堂时间里要效率、要质量是新一轮体育课程改革的重要目标，是减轻学生学习负担的重要手段，是落实素质教育的重要保证。这就要求体育教学必须是有效教学。张璐文根据约翰·卡罗尔(John Carroll)的教学模式改编了有效教学结构图(见图 2-1)。

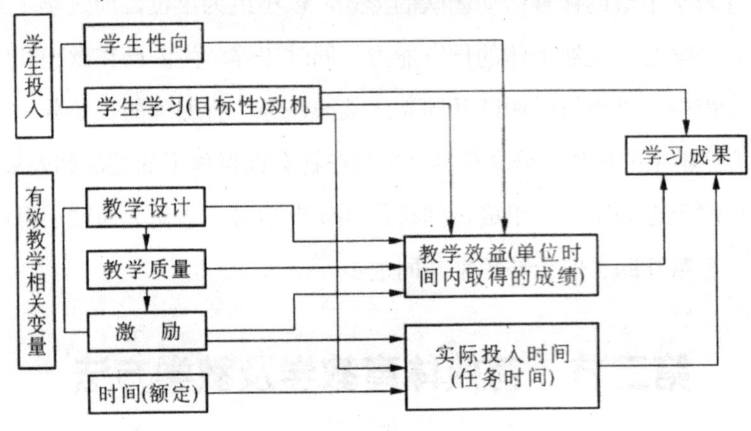

图 2-1 有效教学结构示意图

(二) 有效体育教学的标准

1. 有效体育教学的标准

有效体育教学与传统的体育教学方式有显著的不同，衡量体育教学的有效性主要表现在以下三个方面。

第一，高效率，指在体育教学活动中以较小的教学投入(人力、物力、时间)而让学生获得较大的身心健康和发展效应(教学效果)。

第二，好效果，即实际的体育教学效果与预期的教学目标的一致性变量。有效体育教学的教学效果应与预期目标相吻合，这是体育教学的一种目标追求，即追求高效率地达成预期的目标。在体育教学实践中，如果体育教学取得了良好的教学效果，而且与教师所预期的基本一致，我们就认为这样的教学是有效果的教学。

第三，高效益，即体育教学活动有好的收益，并能实现教学活动的价值。教学活动的结果能够符合社会需要和个体成长与发展需求。

2. 实施有效体育教学的原则

实施有效体育教学方式必须注意以下五个方面：

第一，学生必须要有明确的目标，并为实现目标而努力。这个目标包括知识性目标、技术技能性目标和情感性目标，并且符合学生的生理、心理发展特点。有效教学应该使学生明确通过努力而要达到的目标，并且明确目标达成对个人成长的意义。

第二，教学任务富有挑战性。在设计具有挑战性任务教学过程时，要求学生在较高的体能与技能水平上完成任务，通过完成任务获得更高的体能与技能。

第三，结合生活实际和已有经验，提高理解和认知水平。在教学过程中，要在学生已有的知识经验基础上，联系学生的生活实际，帮助学生达到更高的理解水平。

第四，及时反馈。在教学时要引导学生将具体化的目标适时地与预定的目标进行对比，并进行调整，提高学习效果。

第五，恰当利用迁移。利用迁移解决原来未解决的、更为复杂的问题．激发进一步学习探究的愿望，提高自我解决问题的“渔鱼”本领。

（三）有效体育教学的实施

并不是所有的体育教学都是有效的。例如，澳门某学校小学三年级和高三的授课内容都是热身跑、单人跳绳、双人跳、集体跳，花式和难度亦不相上下。按身心发展规律来说，这些授课内容对于三年级教学来说是有效的，而对高三教学显然是无效或者是低效的。如果在教学实践中由于三年级学生课堂管理混乱，教学计划并未得到很好贯彻，其教学也是无效的。因此，有效体育教学应包括组织得当的课堂和合理的教学策略。

1. 有效体育教学的课堂组织

在体育教学过程中，给学生建立明确的规范和体育学习常规是非常必要的，是“有序”教学的重要保证，也是有效教学的重要前提条件之一。体育教师应始终如一地贯彻执行已经制定的规范和常规，对违反规范或常规的学生进行必要的批评教育，使课堂“乱”而有序，学生的主动性和创造性既能发挥出来，而又不放任学生，也就是人们常说的“收放自如”。体育教师在课堂上要能够及时发现并迅速制止学生在体育课堂中出现的不良行为，能够及时准确地找到学生在课堂上出现问题的原因，并能使这些问题解决在萌芽状态。也许有人会说：“新课程既然强调要学生生动活泼地学习，还需要强调课堂教学常规吗？”要回答这个问题，首先必须正确理解教学常规的概念。教学常规是指对教师在开学前和课前的教学准备工作及对教学过程中师生教学行为方面的规范性要求。由于教学常规反映了一般的道德规范，应该说传统体育教学常规中绝大多数内容在任何时候都是适用的。

2. 有效体育教学行为

心理学研究成果表明，明确学习目标能够明显地提高学习的效果，因此有效体育教学是在体育教学过程中，体育教师能够清晰准确地为学生提供目标、内容、学习方法等方面的信息，使学生对体育教学“学习什么”“如何进行学习”有一个清楚的认识。

体育教师能够正确地提出问题。首先，能够引导学生愿意，甚至积极主动地回答问题。其次，提出适当的问题，即提出学生通过努力能够回答的问题。学生回答问题的成功体验有利于学生以后继续回答问题。反之，学生回答问题老是失败，加之可能会被老师或同学冷嘲热讽等，可能导致学生在后续的学习中害怕甚至拒绝回答问题。再者，体育教师能够提出清晰明确的、有利于学生思考的问题，并能引导学生正确地回答。学生如果清楚地知道体育教师要求他回答的问题，以及问题的顺序，就能很好地回答问题。

体育教师能够将学生的注意力集中在相关的学习内容上。在体育教学活动转换的过程中，体育教师能够及时准确地发出信息，使学生能够更好地明确体育教师的意图，跟上体育教师的安排；体育教师应能够帮助学生建立良好的自我期待和提高学生的自信心，并能够热情地、清晰地为学生提供指导与鼓励的信息。在给学生提供的信息中首先是自我概念的信息，即提高学生的自信心、自我期待，充分激发与调动学习热情的信息。其次是与运动技能认知概念相关的信息。

二、常用的体育教学方法

（一）示范与辅导法

1. 示范法

示范法是指教师指定学生以具体的动作为范例，使学生形成初步的动作表象，以指导学生进行学习的方法。示范法是体育教学中最常用的直观方法，它在使学生了解所学动作的表象、顺序、技术要点和领会动作特征及形成表象方面具有独特的作用。体育教学中优美动作示范还能激发学生学习的兴趣，增强学生学习的自信心。示范法按示范面来分可分为正面示范、背面示范、侧面示范和镜面示范；按功能分可分为初步形成表象示范、纠正偏差或错误示范；按示范的正误可分为错误动作示范和正确示范。体育教学过程中应根据示范的作用和教学内容的性质特点等选择最佳的示范模式。

示范法的教学使用要求有以下内容：

(1) 示范要有明确的目的，重点要突出。在体育教学过程中，由于示范的目的不同，因此在教学过程中要根据教学任务、教学内容的特点来安排示范的时间、速度、重点等，以突出重点，提高示范效果。例如，在学习新的动作时，为了让同学们建立良好的动作表象，应以正常的速度完成动作；又如，为了让同学们掌握羽毛球的挥拍轨迹，应取用缓慢挥拍的方式等。

(2) 动作示范要准确、熟练。示范是为了让同学们掌握动作概念，形成正确的表象。准确、熟练的动作示范在很大程度上影响了学习效果的好与坏。因此，体育教师在课前必须熟练准确动作，切忌现炒现卖，做出错误的示范。

(3) 选择适当的方向与位置示范。示范的位置与方向是根据场地情况、场地器材条件、队形情况、动作技术、安全因素等来确定的。队伍规模较大，为了不影响其他同学的视线，应选择较高的地势进行示范；广播体操、热身操则应在扇形队伍的圆心处作镜面示范；人体纵向运动技术，如压腿、前后翻滚、起跑等运动技术应选用正向侧身示范。

(4) 示范与讲解相结合。示范要取得好的效果，除了要选择恰当的方向与位置外，还必须配合讲解。示范与讲解可同时进行，也可以先讲解后示范或者先示范后讲解。对于全新的动作技术，教学时应先进行动作示范，后进行分析讲解；难以掌握的动作技术，应边示范边讲解；有清晰的动作表象，但是动作技术细节、结构不清楚的动作，先讲解后示范的效果更佳。

2．辅导法

辅导法是指在教学过程中通过对学生进行有针对性的指导和帮助，以取得教学实效的教学方法。它是落实和贯彻学生主体性和因材施教原则的重要体现，是体育新课程关注个体差异教学理念的具体表现，对促进学生的共同提高有着重要意义。辅导法可分为集体辅导法、小组辅导法和个别辅导法，还可以分为某个动作技术教学的事前辅导、事中辅导和事后辅导等。体育教师必须根据教学的目标、动作内容特点选择适当的辅导法。

辅导法的教学使用要求有以下内容：

(1) 深入了解学生存在和需要解决的问题，有的放矢地辅导。对于同一教学内容，每位学生掌握的情况不一样，因此，了解学生的实际问题是辅导的关键。在运用辅导法教学时，教师必须深入每个小组，观察和发现他们存在的问题，并进行有针对性的辅导。

(2) 全面兼顾，进行有针对性的辅导。在体育教学实践中，许多教师错误地认为辅导就是针对还未掌握技术的学生，其实辅导也可以对掌握动作较快的学生提出更高的学习要求并做出相应的辅导。

(3) 运用辅导法教学，教学内容必须是学生熟悉的或者有一定基础的。辅导法是在学生掌握一定技术的基础上，也就是有一定自学能力基础上的教学法，对于全新的动作技术不宜取用辅导法教学。

(二) 分解与完整教学法

1．分解教学法

分解教学法是指根据动作的结构特点，将完整的动作分成几部分，逐段进行体育教学的方法。它适用运动技术难度较高、过程复杂而又可分解的运动项目。其优点是把动作技术的难度相对降低，复杂过程加以分解，便于学生掌握和突出教学重点和难点，还有利于提高学生学习的信心。分解教学法的分解方法主要按动作结构顺序或反序分，如体操的“低杠挂膝上”是由助跑、挂膝和挂膝上三个主要部分组成；可按动作技术结构顺序练习，助跑—练习挂膝—将助跑和挂膝上的动作串联；按学习难度分，如二步半上篮，可先教会原地投篮，再一步上篮，最后二步半上篮；按身体各部分动作分，如蛙泳教学，先教腿部动作(收、翻、蹬)，再教头部动作(呼吸换气)，最后教手部动作(划水)。

分解教学法使用要求有以下内容：

(1) 注意动作相互之间的联系，划分开的段落不能破坏动作的结构，而且要易于连接。

(2) 分解法要与完整法结合运用。分解法的主要作用在于减少学生学习中的困难，最终达到完整动作的学习目的。分解动作的练习时间不宜过长，避免形成单个动力定型，在教学时只要发现学生基本掌握即可与其他段落或部分连接起来进行练习。

(3) 切忌为分解而分解。一些简单的动作，同学们很容易能学会，就不必进行分解教学。

(4) 分解教学时要抓住动作重点与难点，有针对性地教学。分解后不必每个动作都花费大量时间去教学，通常只要加强重点和难点部分教学，其他则进行连续性整体教学即可。

2．完整教学法

完整教学法是指对从动作开始至结束，完整、连续地进行的教学方法，它适用运动技术难度不高或者没法进行分解法教学的运动技术，如跳水、自由体操的空翻等运动技术等。完整教学法的优点是在教学中能保持动作结构的完整性，易于形成动作技术的整体概念和动作之间的联系。

完整教学法使用要求有以下内容：

(1) 利用示范和慢速演示来帮助学生认识动作的方向、路线、节奏、速度等，建立动作的整体概念和表象。

(2) 对初学者应利用场地器材设备来降低难度，待充分掌握动作技术后逐步提高难度，如跳高可通过降低横竿的高度来掌握过竿技术等。教学过程中结合动作要领描述进行教学。

(3) 有意识地降低对动作质量的要求，如羽毛球选用球速较慢的球，篮球中的近距离投篮等，但这些降低要求以不能造成技术变形为限。

(4) 通过技能迁移来帮助教学，如开发多样的辅助练习和诱导性练习等。

(三) 探究教学法

探究教学法是指体育教师在教学过程中引导学生发现问题，并鼓励学生进行探索、研究性活动，使问题得以解决，学生从中获得知识和掌握技能的教学方法。现代教学教育理论要求培养学生发现问题、研究问题和解决问题的能力。新体育课程也提出学生主体性理念，强调培养学生创新能力。因此，探究教学法日益受到重视。

探究教学法使用的基本要求有以下内容：

(1) 探究教学要有明确的目的性。在教学时提出要探究的中心课题或将要完成的任务，因为探究教学是为达成课程的目标服务的。没目的、不着边际的探究活动，不仅浪费有限的课堂时间，而且会妨碍课程目标的实现。

(2) 探究教学法必须以学生的知识储备为基础。在教学前必须了解学生的基础，引导学生进行力所能及的探究活动。如果引导的探究问题过难，学生则不能通过探究活动去解决，甚至导致学生对学习失去信心。

(3) 不能为探究而探究。体育新课程要求学生要转变学习方式，很多教师为了体现这一观念的转变，在教学过程中刻意安排探究教学，这种观点是错误的。

(4) 对学生难以解决的探究问题，应加强引导、启发与鼓励，但不能包办。

(四) 情景教学法

情景教学法是指在课堂上创设各种生活情景，引导学生融入其中，进入角色，并通过角色的学习活动习得知识与技能的教学方法。例如，创设动物生活情景或自然环境：汹涌澎湃的大海；模仿小动物：兔子跳、青蛙跳等；创设音乐情景：兔子舞等。由于情景的相似性，情景教学在心理上容易引起共鸣和技能迁移，从而提高学习兴趣和学习效率。情景教学的创设主要依据学生的年龄特点、教学目标、教学内容特点，主要适用于小学中低年级。

情景教学的使用要求有以下内容：

(1) 充分考虑学生的年龄、教学目标和内容特点，创设适当的情景。不合适的情景教学会使得教学重点不突出，淡化教学效果。

(2) 所创设的情景必须是为教学目标服务的。情景教学的目的是通过创设情景，提高学习的兴趣和实践能力，但并不意味着情景教学可以不着边际地运用。在教学实践中往往存在着教学目标与情景教学脱节的情况。

(3) 同一节课情景教学不能滥用。情景教学作为教学的手段之一，创设情景教学需要一定的辅助手段，如果过多，则会造成浪费的时间过多，教师工作量大大增加，得不偿失。曾经，在一次广东省教学公开课比赛中，一位教师为了一节情景教学课，使用 38 张文字图片、四张光碟以及各种辅助教具，超过了 30 种。虽然教学效果较明显，但是在日常教学中显然是不太现实的。

(五) 分组教学法与合作学习教学

1．分组教学法

分组教学法是指在根据教学内容特点、学生情况或场地器材等客观条件要求，将学生分成不同组别进行教学的方法。在教学实践中，通常的做法是，将完整的教学班根据不同的分组标准，如性别、是否同质、水平、兴趣等分成不同的组别分别进行授课。分组教学根据教学需要，可分为分组轮换和分组不轮换。目前，在高年级开展得较多的分层教学法，也是分组教学的一种形式，只不过其分组标准是根据学生对教学内容的掌握情况来分的。分层教学往往分组不轮换。

分组教学的使用要求有以下内容：

(1) 要根据教学内容和场地器材等客观情况进行分组，所分组别不宜过多。

(2) 分组教学时要全面兼顾，巡回指导，条件允许的情况下所分组皆应在教师的视线之内(特别是低年级或自觉性相对差的班级)。

(3) 分组教学安排教学内容时，教授新内容应与巩固旧知识同时进行，教学开始后先安排其他组复习巩固，教师重点关注新内容教学组，待学习到一定程度后，进行轮换。

2. 合作学习教学

合作学习教学是指在体育课堂中根据每个学生的实际水平，由学生自己组合成若干小组，各组学生共同研究和探讨问题，教师通过巡回观察和即时反馈的信息，及时给予指导的小组互助合作学习为主的教学。它是体现学生主体性的教学方法，每组学生通过相互研究和讨论解决在体育学习中所遇的问题，对激发学生积极探索问题，以达到掌握基本知识，完善认知结构，优化思维品质，形成动作技能有重要的意义。这种方法适用小学高年级或者初中以上年级。

合作学习教学的使用要求有以下内容：

(1) 必须清楚表达合作学习的目的，使每个学生都明确合作学习的目的，并沿着目的去努力。

(2) 使用合作学习教学的班级必须有一定的知识与技术基础，合作学习的内容要有一定的难度，但经过合作学习后学生应该可以学会的，不能过难，否则，会影响学生的学习兴趣和信心。

(3) 合作学习的小组不宜过大，以2～6人为宜，最好由学生自由组合。

(4) 学生进行合作学习时教师应巡回指导，深入了解情况，注意启发学生，对学生合作学习的成果要及时肯定。

(六) 游戏教学法

游戏教学法是指根据学生心理和教学内容的要求，把游戏作为教学内容传授的主要手段来完成课堂教学任务，达成教学目标的方法。它的主要特点是寓学习于“玩乐”，从“玩乐”中学习，课堂气氛相对活跃、宽松，师生关系平等、融合，因而是学生普遍喜欢的方法之一。由于“好玩”是少年儿童的天性，因而对低年级学生而言，游戏教学法是较为常用的方法。教学实践表明，游戏教学法具有提高学生的学习兴趣，活跃课堂气氛，提高学生活动积极性等作用。

游戏教学法的使用要求有以下内容：

(1) 游戏的目的要求明确，游戏内容要为实现教学目的服务，不能为游戏而游戏。

(2) 游戏教学法不能过多过滥，应配合其他教学方法使用，如热身运动或放松运动可以多运用游戏教学法，而技术性较强的教学则应运用其他教学法。

(3) 游戏教学法更适合发展体能的复习课或综合课，而不宜于以技术传授为主的新课。

(4) 游戏教学法虽然是所有年龄段学生都能普遍适应的教学方法，但是要根据学生的心理发展水平选择使用，如小学低年级可运用丢手绢、老鹰抓小鸡、网鱼等游戏教学，但对于高年级学生则不宜选用这些游戏进行教学，到初高中以后应增加游戏的技术成分。

(5) 教师应加强引导，帮助学生养成遵守游戏规则的意识和习惯。

(七) 竞争教学法

竞争教学法是指根据学生喜欢竞争的心理特点，教学时通过发掘教学内容的竞争性元素，来提高学习兴趣与效率的方法。例如，在教学中，单纯的运球教学会使学生感到枯燥无味，兴致不高，如果在教学中加以竞争元素，如一对一的比赛、接力比赛等，学生的学习兴致就很容易被调动起来。体育课堂竞争主要依据学生争强好胜的心理特点，这种教学方法对培养学生的学习兴趣和坚强的意志有积极的意义。由于竞争形式具有多样性，因而课堂中的竞争也是多种多样的。

课堂中的竞争教学方法的使用要求有以下内容：

(1) 由于课堂中竞争教学方法的依据是学生的好胜心理，因而选用该教学方法必须认真考虑学生是否具有这种心理特点。对于自卑、怯懦、自尊心强的学生必须慎用，并要做好引导工作。

(2) 运用竞争教学法时应注意学生的心理体验。在教学过程中创设时机，如调整教学组等，让每个学生都有获胜的机会，都能获得成功的心理体验。

三、体育教学方法的分析

教学方法，是教学过程中教师与学生为实现教学目标和教学任务要求，在教学活动中所采取的行为方式的总称。教学方法包括教师教的方法(教授方法)和学生学的方法(学习方法)两大方面，是教授方法与学习方法的统一。教的方法必须依据学的方法，否则就会因缺乏针对性和可行性而不能有效地达到预期的目标。选择合适的教学方法是教学设计的重要内容之一，对提高课堂教学效率起着十分重要的作用。苏联教育家苏霍姆林斯基认为：“选择对某节课最有效的教学方法，是教学过程最优化的核心问题之一。”教无定法，贵在得法。新课程背景下的教学方法的选择，要根据学生认知水平的现状，求真务实，追求有效。

(一) 教学方法选择的依据

科学、合理地选择和有效地运用教学方法，要求教师能够在现代教学理论的指导下，熟练地把握各类教学方法的特性，能够综合地考虑各种教学方法的各种要素，合理地选择适宜的教学方法并能进行优化组合。

1．依据教学目标选择教学方法

对教学方法的选择起直接作用的是教学目标——学期的、单元的、课时的教学目标。不同领域或不同层次的教学目标的有效达成，要借助于相应的教学方法。教师可依据具体的可操作性目标来选择和确定具体的教学方法。不同的教学内容、不同的学生层次都影响着教学目标，进而影响着教学方法的选择。

2．依据教学内容特点选择教学方法

不同学科的知识内容，对学习的要求是不同的，不同阶段、不同单元、不同课时的内容与要求也不一致，这些都要求教学方法的选择应具有多样性和灵活性的特点。

3．根据学生的实际特点选择教学方法

学生的实际特点直接制约着教师对教学方法的选择，这就要求教师能够科学而准确地研究分析学生的特点，有针对性地选择和运用相应的教学方法以适应学生的学习，进而提高学习效率。学生的实际特点主要分为三个方面：一是指心理

特征；二是知识基础特征；三是动作技能水平。

4. 依据教师的自身素质选择教学方法

任何一种教学方法，只有适应了教师的学科素养条件，并能为教师充分理解和掌握，才有可能在实际教学活动中有效地发挥其功能和作用。因此，教师在选择教学方法时，还应当根据自己的实际优势，扬长避短，选择与自己最相适应的教学方法。

5. 依据教学环境条件选择教学方法

教师在选择教学方法时，要在时间条件允许的情况下，最大限度地运用和发挥教学环境条件的功能与作用。

教师选择教学方法的目的，是要在实际教学活动中有效地运用。教师应当根据具体教学的实际，对所选择的教学方法进行优化组合和综合运用。无论选择或采用哪种教学方法，目的都是更好地教育学生。

(二) 教学方法选择时应注意的问题

1. 强调学生的个别差异和因材施教，突出教学的适应性

教学要适应学生的个别差异，要因材施教。在教学过程中，教师要把每个孩子都看成具有独特的发展个性和发育程度的不同个体，并以此为依据，允许孩子按自身的能力来获得运动技能。

2. 教学方法与教学组织形式的变革相配合，突出教学的整体性

采用教学方法时并不是选择某一种单纯的教学方法，也就是说教学方法不是孤立的，而是和教学组织形式结合在一起的，是教学方法与教学组织形式的总和。

3. 以促进学生的健康为出发点，突出教学的发展性

在强调促进学生健康的同时，相应地把教学的促进功能提到突出的位置。因此，促进学生健康就成了教学方法的出发点和落脚点。

4. 强调学生非智力因素的培养，突出教学的情意性

在重视促进学生健康的同时，也要非常重视培养学生的非智力因素，力求通过教学方法的运用，引起学生的学习兴趣，激发学生的学习动机，培养学生的情

感，增强学生的自信心，使学生养成健康的生活方式，促进学生全面发展、和谐发展。

5．强调教法与学法的统一，突出教学的双边性

教学方法要充分体现出教师的引导下，学生独立获取知识的特点。这既有对教学的要求，也有对学生的要求，力求两者结合，提高学生“学会学习”的能力。学生在掌握体育知识技能的同时，更要掌握有效的运动技巧，并依靠它们进行健身。

（三）教学方法的选择与确定

教学方法，因角度的不同可以有不同的分类和定义。根据体育教师在课堂教学中使用的手段不同，教学方法可分为四种：以语言教授为主的方法、以直接感知为主的方法、以实际练习为主的方法、以引导探究为主的方法。

1．以语言教授为主的方法

以语言教授为主的方法包括讲授法、谈话法和讨论法。

讲授法是教师通过简明、生动的口头语言向学生系统地传授知识，发展学生智力的方法。在实际的教学过程中，它又可以表现为讲述法、讲解法、讲读法、讲演法等几种。

课程改革下的讲授法应做到以下几点：

(1) 组织好授课内容，要讲出学生看书得不到的内容。

(2) 组织好语言，做到简练、生动、准确、清楚、有节奏。

(3) 以学生为本，注意参与。讲授时要穿插问、读、看等活动，讲完后要留给学生一点空间，让他们总结、交流、记笔记，以求学生参与。

(4) 精讲多练，提高练习的密度。谈话法是以师生口头语言问答的方式进行教学的一种方法。它的优点是学生活动得多，有利于启发学生独立思考，培养学生的表达能力；缺点是花费时间长，同样的时间传达的信息量大大少于讲授法。

用谈话法需要做到以下几点：一是教师要充分地准备谈话的过程。要根据教学任务进行设计，选择好提的问题。问题要明确，难易要适当，有启发性，注意提问的层次性。二是注意技巧的运用。提问要针对全体学生，并给出适当考虑的机会。教师听学生回答要耐心，一般不要轻易打断；提问要掌握问题的实质，答不出来要点拨一下，回答过问题后要让大家评赞；要注意培养学生回答问题的勇气，要求声音洪亮。

2. 以直接感知为主的方法

以直接感知为主的方法主要指动作示范。

动作示范是直观教学方法最重要的手段之一，是体育教师在授课时，向学生展示所授技术动作的最经济、最实用的简要方法。它既可以向学生表现完整的技术动作，也可以把一项技术的细节，如动作方向、幅度、顺序、用力位置、动作环节间的配合等，部分地或完整地展示出来，使学生对所学技术动作的形象、结构、要领和完成的方法有比较清楚的认识。

体育教学动作示范的注意事项如下：

(1) 示范动作的目的性、正确性和规范性。如果教师因为个人而不能做好示范，可以用动作结构图，同时课中可以挖掘动作好的学生进行示范等来弥补。

(2) 示范的方向和位置要合理，让全部学生看得清楚。

(3) 示范和讲解要有效结合。教师应该思考何时进行示范、何时进行讲解，做到“该出手时就出手”，在学生思考时要给他们时间与空间，有些教学内容还需要示范的同时进行讲解。

(4) 动作示范时，少进行错误动作的示范。有的老师会对一些学生的错误动作进行示范，以提醒学生注意，其实效果适得其反。教学中应该以正确的动作示范讲解，以强化正确的动作。

(5) 示范讲解与图片的有机结合。有些运动技术动作有腾空的动作，如蹲踞式跳跃起跳后的腾空动作。教师在进行这类动作示范讲解时，可以与相关的挂图有机地结合，有利于学生理解动作。

在教学方法的选择上，“教无定法”应该成为指导教师实际课堂教学的原则，这就形成了“变”与“不变”的辩证统一。所谓“不变”，是指就目前教师们遵循的几种教学方法没有变；而“变”指的是我们的学习对象总是千变万化的，尤其在“以学生为本”的今天，教师在选择教学方法时，已不能仅仅根据自己的个人特长来发挥，而应该根据学生的接受能力、理解能力，以己之长，选择最佳的教学策略，充分发掘学生的学习潜能。

第三节 体育课外作业的合理布置

课外作业是课堂教学的延伸，通过体育课外作业能发现学生在学习过程中的不足和存在的问题，并加以解决，有助于促进学生进行自我锻炼，并增进其体育学习兴趣和自信心。体育课外作业还可以有效地调动学生自觉而积极地参加体育锻炼，并可使课内与课外体育活动有机地统一起来。

一、体育课外作业的特点与类型

（一）体育课外作业的特点

体育学科由于本身固有的特点，在课外作业的布置上也表现出了一定的特点。

1. 课外作业内容的差异性

与其他课程不同，体育教师可以根据每个学生的特点安排作业内容，作业的内容表现出较大的灵活性，如同一节课，对运动技术掌握得较好的同学，以布置发展性的作业为主，而对于基础较差的同学，则可以将基础练习作为其作业内容。

2. 课外作业以体育活动为主

语文、数学等科目的课外作业以书面作业为主，而体育学科由于自身的特点，其课外作业往往是以体育活动为主，但也不排除有一些书面的作业。学生通过自主练习、探究活动来完成作业。

（二）体育课外作业的类型

体育课外作业是体育教学的延伸和补充。根据教学内容和教学目标的不同，体育课外作业的类型呈现出多种多样。

1. 以技能的巩固为主的作业

这种类型的作业是以巩固课内学习内容为主，作业内容与课内教学内容相一致。例如，课堂教学内容是背越式跳高，课外作业则安排同学课后进行跳高练习等。此类型课外作业的目的是促进学生更好地掌握教学内容，形成技能、动力定型等，为下一步教学打下基础。由于课堂练习时间是非常有限的，通过课外作业加强练习是非常重要的。

2. 以辅助素质训练为主的作业

任何运动技能都必须建立在一定的基本素质的基础之上的，如推铅球，必须依赖手臂和大腿的力量素员。因此，素质训练是确保运动技能掌握的关键。在教学过程中为了提高教学效果。必须加强运动训练的辅助练习。由于课堂教学时间的局限性，花大量时间来进行素质练习是不现实的，因而有经验的教师往往通过作业的形式来加强素质训练。例如，由于臂力较差，实心球是女生学习的主要难点，许多教师要求学生每天完成抓天梯、爬杆练习等，不断增强臂力，经过一段时间后学习效果明显提高。

3. 以提高运动成绩为主的作业

体育课堂以技能传授作为重点，学生在课堂的练习时间是非常有限的。为了促使学生自主练习，提高教学成绩，许多教师往往以提高运动成绩作为目标来促使学生去进行练习。例如，一位体育教师在教仰卧起坐时，起初，不少学生最多做 10～20 次/分钟，有的学生连一次也做不成。此时，教师就给学生布置作业，早上在床上练习仰卧起坐 1 分钟，晚上睡觉再练习 1 分钟。经过一个月的练习，就会取得一定的成效。

4. 确保学生每天锻炼一小时的作业

《中共中央国务院关于加强青少年体育增强青少年体质的意见》中提出，要确保学生每天锻炼一小时，努力增强学生体质，促进学生健康成长。学生的体育锻炼如果只靠课堂活动和早操、课间操来保障是远远不够的，因此，学生的课外锻炼是必要的补充。实践表明，通过作业的形式来促进学生的锻炼，能够很好地保障学生的锻炼时间。

5. 以认知为主的作业

体育认知是科学地和主动地进行体育活动的保证。体育教学除了传授体育运动技能之外，还要教授学生与体育认知有关的教学内容，如体育知识等。但受课堂教学时间的限制，花大量时间进行体育认知的教授是不符合实际的。因此，在教学中要有目的地安排学生完成有关体育认知的作业，从而掌握相关的体育知识，提高认知水平。

二、布置体育课外作业的依据

体育课外作业与其他科目的课外作业不同，有其自身的特点与类型，如何正确、有效地布置体育课外作业，需要遵循一定的依据。

(一) 根据教学目标布置作业

体育教学是为达成教学目标服务的，而作业作为课堂教学的补充和延伸，其目标与课堂教学目标是一致的，因此，作业内容的选择和布置必须要更好地为教学服务。

(二) 根据体育教学的内容布置作业

体育教学实践表明，要学生在有限的体育课上熟练掌握全部运动技术有一定的困难，特别是一些难度较大的技术动作表现更为突出。为此，根据教学中存在的一些问题，结合各阶段的教学重点，应适当布置一些体育作业。

(三) 根据学生对运动技能掌握等情况布置作业

在布置作业时，要充分考虑学生对运动技术的掌握等实际情况。布置作业时可以根据学生的具体情况布置不同层次的作业。对技能掌握较好的学生可以安排难度较大的和探究型作业，对于技能掌握较弱的学生可布置难度较小的作业，确保在满足不同学生需求同时，促进他们的发展。

(四) 根据学生的爱好和特点等布置作业

由于每一位学生的爱好和兴趣各异，布置作业时可灵活地根据作业内容和要求，并结合教学内容的要求布置作业，通过完成作业使他们的兴趣和爱好得到满足，促使其身心的全面发展。

三、体育课外作业的检查与批改

通过对体育课外作业的检查与批改可以了解学生对教学内容的具体掌握情况，还可以对学生自觉完成作业起监督和鼓励作用。因此，必须及时认真检查和批改学生的作业。

活动性体育作业的检查可以在课前进行，也可以在活动课或课余时间进行。由于受时间的限制，体育课外作业的检查不可能逐个检查，可以取用抽检的形式进行，但是，对每个学生完成作业的情况要做记录，重点检查掌握技能较差的学生，但必须兼顾其他学生并对作业完成良好的学生进行及时鼓励。

纸质作业应及时收集和批改。对共同存在的问题应在课堂教学中加以重视，并做出相应指导。对于个别掌握得不好的学生，应加以辅导，促进他们共同发展。

第三章　体育教学目标与原则

第一节　体育教学目标概述

一、教学目标概述

(一) 教学目标在教学中的主要作用

教学是一种有明确目的的活动，这种目的性渗透到课堂教学之中，便由每堂课的教学目标来体现。教学目标对于指导课堂教学实施具有非常重要的作用。在分析它对教学的作用之前，我们先来思考这样一个问题：假设课堂教学没有预先设定教学目标，那么整个教学过程会变得怎样？不难想象，教师的教学可能会变得没有方向，没有尺度；学生也会感到非常迷茫，不知道自己的学习方向。由此看来，教师的教学离不开教学目标，学生的学习也离不开教学目标，与教学相关的活动也离不开教学目标，教学目标的确有着非常重要的功能。

1．指导教师对教学过程的设计与实施

作为教学设计者的教师，一旦确立了教学目标，就可以继续确定与之相适应的教学材料、教学方法和教学媒体等。从这个角度来说，教学目标对教师设计与实施教学的确起着重要的指导作用。教学目标可以帮助教师明确教学思路，确定通过哪些途径能更好地完成教学任务，知道怎样合理地组织教学内容。例如，当一节课的教学目标是学生对常识性体育知识的掌握时，教师就可以选择“接受性学习”的教学方法(如讲授法)；当教学目标侧重学生对运动知识的探究时，教学方法的确定就应考虑让学生开展“发现性学习”，这时的教学方法以教师的宏观指导为佳；当教学目标侧重学生对具体事物的分类或区别时，选择直观的教学媒体就显得非常必要。比如，当一节课的教学目标是关于跑的分类及其特征的内容时，教师便可以考虑应用多媒体将各种各样的跑呈现出来。从这些例子可以看出，教学目标在教学过程设计中，尤其是在教学手段的选择中，具有决定性的导向作用。

2. 引导学生的学习进程

教学目标通常被表述为预期的学习结果。要想使学生能够获得良好的学习结果，教师首先应当让学生明确自己的学习目标，使学生的学习具有方向性。目标明确与否，在很大程度上决定了学生的学习态度和学习效果。学生有了清楚的目标，就能做到心中有数，产生强烈的参与感，积极地投入学习活动中去。学习目标还能使学生清楚地了解自己的学习内容，确定哪些方面有待加强，从而制定出切实可行的学习计划。一旦学生明确了自己的努力方向，便能够产生强烈的学习热情，增强完成学习任务的责任感，提高课业学习的效率。总之，教学目标对学生的学习具有很重要的导向和激励作用。

3. 提供教学评价的依据

教学评价是教学过程的一个重要环节，是对学生达成教学目标程度的检验。而要检验学生的学习情况，首先要有一个关于学习内容的评价标准。这个标准就是教学开始之前确定好的教学目标，反映学生经过一个学习过程之后应该达到的程度。教学目标是进行科学测试和做出客观评价的基础，教学评价必须以教学目标为依据。无论是实施诊断性评价，还是进行形成性评价，在编制测验内容时都要以教学目标为依据。此外，教学目标还有助于学生对自己的学习情况进行评价，找出自己的学习现状与教学目标要求之间的差距，从而有针对性地调整自己的学习策略。由此看来，教学目标不但为教师评价学生提供了参照，还对学生的自我评价有很强的指导作用。

除了以上讨论的作用以外，教学目标还有其他一些作用。例如，对于学校与家长之间的沟通来说，教学目标也具有重要的意义。教学目标能使家长更明确地知道子女在学校中的学习内容和进度，有助于学校与家长之间针对学生的学习情况进行交流。

既然教学目标如此重要，那么对于教师来说，熟知教学目标的相关理论，掌握编写教学目标的相关知识，并且能够针对具体教学内容确定出科学合理的教学目标，应该成为教师必须具备的教学基本技能。

（二）教学目标的陈述

当前，体育教学目标陈述中存在的问题有以下几点：

1．教学目标过于笼统、含糊

设计教学目标时常使用抽象含糊的非行为动词，如“了解”“掌握”“理解”等，以这些动词引导的教学目标(严格意义上说应称为教学目的)，教学后无法测量是否达到了目标，应改用行为动词表述学生的具体行为，陈述教学目标。

2．教学中将教学目标束之高阁，甚至脱离目标

有的教师设计的教学目标只是流于形式，貌似教学目标定得很全，但教学的随意性太大，并没有或未完全付诸实践。其结果是课堂教学没有完成教学目标或只达到某一方面的目标。

3．目标陈述的主体不是学生或学习结果，而是教师或讲授内容

这是体育课程标准与原体育教学大纲的描述方式的不同之处，也体现了两种截然不同的教学理念。例如，“通过篮球传球教学，激发学生团队配合的意识”这一目标行为的主体就是教师，而不是学生。

4．目标设计缺乏个性化

在设计教学目标时，有的教师总是沿用一些程式化的语句，缺少个性，因而教学目标显得千篇一律，缺乏生气和活力。例如，常见的目标陈述“培养学生的思维能力和创新精神”等。

二、体育与健康课程目标体系的构成

（一）义务教育体育与健康课程的总目标

通过课程学习，学生将掌握体育与健康的基础知识、基本技能和方法，增强体能；学会学习和锻炼，发展体育与健康实践和创新能力；体验运动的乐趣和成功，养成体育锻炼的习惯；发展良好的心理品质、合作和交往能力；提高自觉维护健康的意识，基本形成健康的生活方式和积极进取、乐观开朗的人生态度。

1．掌握体育与健康的基础知识、基本技能和方法，增强体能

(1) 体育与健康的基础知识、基本技能和方法也可称为新“三基”，超越了课改前体育课程所强调的“三基”，即基本知识、基本技术和基本技能。

(2) 新“三基”中的基本技能包含基本技术，用基本技能这一概念并不是要忽视或淡化运动技术的学习，而是强调要提高学生运用技术的能力。

(3) 体能是掌握运动技能的基础，也与学生的健康紧密相连。

(4) 在体育与健康教学中应重视学生体能的练习，每节体育课都应该留出一定的时间，并尽量结合运动技术的教学让学生进行相关的体能练习。

2．学会学习和锻炼，发展体育与健康实践和创新能力

(1) 体育与健康课程的教学不但要使学生掌握运动知识和技能，而且要提高学生的学习和锻炼能力，即引导学生学会体育与健康学习和体育锻炼，为学生的终身体育奠定良好的基础。

(2) 在体育与健康教学中，要高度重视学生的自主学习、合作学习和探究学习，提高学生的体育与健康学习能力。

3．体验运动的乐趣和成功，养成体育锻炼的习惯

(1) 运动只有给学生带来快乐，才会促进学生主动参与运动，并有助于终身体育意识的形成。

(2) 一定要转变这样的现象，即一提到让学生在体育学习中获得快乐，就批评“快乐”，就大讲特讲要培养学生的意志品质和刻苦学习的精神，将学生“获得快乐”与“意志品质和刻苦学习精神培养”人为地对立起来。

(3) 这个目标所讲的体验成功主要不是强调学生之间的相互比较所获得的成功感，而是强调自我的比较，看自己是否通过努力在原有的基础上获得进步和发展。

4．发展良好的心理品质、合作和交往能力

(1) 体育运动不仅有助于增进人的身体健康，对人的精神和品质的影响也是很大的。这就是我们常说的体育既能育体，也能育人。

(2) 在体育教学中，不仅要重视运动技术技能的教学，更应重视运动技术技

能教学背后体育对学生精神的培养以及对学生精神面貌的改变。

5．提高自觉维护健康的意识，基本形成健康的生活方式和积极进取、乐观开朗的人生态度

(1) 这一目标既是“健康第一”的指导思想的重要体现，也是体育与健康课程追求的崇高目标。

(2) 义务教育阶段，体育与健康课程不管是体育方面的教学还是一些健康教育内容的教学都是为了提高学生健康的意识，促进学生健康生活方式的逐步形成，并使学生具有积极进取、乐观开朗的人生态度。

(3) 在体育与健康教学中，无论是学习目标的设置，还是教学内容和方法的选择，都要有助于学生健康意识和生活方式的形成，并使学生形成积极进取、奋发向上、顽强拼搏、勇攀高峰的精神。

(4) 学生健康意识和生活方式的形成仅仅靠体育教学是不够的，要辅助于健康教育的教学，体育教学与健康教育相辅相成，共同促进学生健康发展。

(二) 体育与健康课的目标

1．运动参与

(1) 参与体育学习和锻炼。

(2) 体验运动乐趣和成功。强调体育教学过程中要通过丰富多彩的内容、形式多样的方法，促进学生达成运动参与的目标，变被动参与为主动参与。

2．运动技能

(1) 学习体育运动知识。

(2) 掌握运动技能和方法。

(3) 增强安全意识和防范能力。

小学阶段：注重体育游戏学习，发展学生的基本活动能力。

初中阶段：注重不同运动项目的学习和应用，鼓励学生参加形式多样的比赛。

3．身体健康

(1) 掌握基本保健知识和方法。

(2) 塑造良好体形和身体姿态。

(3) 全面发展体能和健身能力。

(4) 提高适应自然环境的能力。

4．心理健康和社会适应

(1) 培养坚强的意志品质。

(2) 学会调控情绪的方法。

(3) 形成合作意识与能力。

(4) 具有良好的体育道德。

运动参与、运动技能、身体健康、心理健康和社会适应四个方面是一个有机联系的整体，各个学习方面的目标主要通过身体练习实现，不能割裂开来进行教学。

三、体育教学目标的设计

(一) 设计体育教学目标的一般原则

体育教学目标是对体育教学活动预期达到的结果的表述，它制约着体育教学中教与学的活动，设计体育教学目标应遵循以下原则。

1．一致性原则

体育教学目标是体育课程目标的具体化和行为化。因此，体育教学目标必须与体育课程目标保持完全的一致性，以使体育教学目的在体育教学的全过程中得以贯彻和完成。

体育课程目标，即知识与技能、过程与方法、情感态度与价值观三个领域构成的一个完整的目标体系。因此，在设计教学目标时，要注意目标系统三个层面的完整性和一致性。

2．层次性原则

由于体育教学目标的学习水平随着学习的深入而逐步提高，因此，纵向上就有了高层次目标中包含低层次目标的关系。例如，动作练习目标“练习篮球急停跳投”中就包含着篮球运球、传球，中轴脚的使用等低层次目标。从横向上看，不同学习者的个体差异也使其在达到的目标上存在着不同。体育教师在设计教学目标时，也要注意这种多层次的要求。

3. 操作性原则

在体育教学过程中，教学目标要能直接指导教学，对教与学的活动均有准确的测量标准，尤其对结果性的学习目标应依据具体性原则，设计出明确、可测量、便于操作的行为目标。

4. 难度适中性原则

体育教学目标是体育教学活动的出发点和归宿，必须符合学生的实际水平。体育教学目标的难度应控制在学生的“最近发展区”，应该是学生经过学习和努力可以达到的目标。低于学生实际水平的教学目标，不利于提高学生的智力和培养学生的能力；超出学生实际水平的教学目标，则无异于揠苗助长，不利于学生身心的均衡发展。因此，设计体育教学目标必须认真分析学生的现有水平，即学生的起点行为，并且要对学生的群体做基本分析，据此确定教学目标的难度。在目标层次的分解上，兼顾全面，为进一步教学设计奠定基础。

(二) 体育课教学目标设计的实践

1. 体育教学目标的设计过程

根据凯普的观点，一般体育教学目标的设计过程可归纳为六个步骤：确定目的、建立目标、提炼目标、排列目标、再次提炼目标、做最后的排列。

(1) 确定目的：目的是抽象的，可能包含多方面的内容，它为教学目标指明方向。

(2) 建立目标：针对目的中一个具体方面建立一系列的教学目标。

(3) 提炼目标：将教学目标进行分类，把重复的目标去掉，整合相似的目标，使模糊的学习目标具体化。

(4) 排列目标：按照一定的标准(重要程度或先后顺序等)将目标进行排序。

(5) 再次提炼目标：根据实际情况，再次确定目标存在的价值并进行取舍。

(6) 做最后的排列：从整体上做实施前最后周密的安排，然后用于实践。

2. 制定行为目标的要求

(1) 界定出具有可观察的学习结果。

(2) 陈述发生预期学习的条件。

(3) 明确规定标准的水平(表现目标)。

3．目标叙写的要求

(1) 目标必须是分层次陈述的。

(2) 行为目标陈述的两类基本方式。

(3) 行为目标陈述的基本要素。

(4) 行为主体应是学生，而不是教师。

(5) 行为动词应尽可能是可理解的、可评估的。

(6) 必要时，附上产生目标指向的结果行为的条件。

(7) 要有具体的表现程度。

4．设计举例

制约体育教学目标制定的主要因素：要全面反映教材的内容构成、要突出教学重点、要体现体育课程标准的要求、要考虑和反映教学目的。

依据凯普的理论，并根据体育学科的特点，以及教学目标设计的原理，我们编制了一些适合于体育学科内容的、简洁化的、操作性强的教学目标设计模型，简要说明体育教学目标的设计过程，如表 3-1、表 3-2 所示。

表 3-1　理论课教学目标设计模型

<table>
<tr><th rowspan="4">课题</th><th colspan="6">教学内容</th><th colspan="6">学习水平</th><th rowspan="4">教学目标</th></tr>
<tr><th rowspan="3">知识点</th><th colspan="5">构成</th><th rowspan="3">识记</th><th rowspan="3">理解</th><th rowspan="3">应用</th><th rowspan="3">分析</th><th rowspan="3">综合</th><th rowspan="3">评价</th></tr>
<tr><th colspan="3">知识</th><th colspan="2">能力</th></tr>
<tr><th>事实</th><th>概念</th><th>原理</th><th>观察</th><th>推理</th></tr>
<tr><td></td><td></td><td></td><td></td><td></td><td></td><td></td><td></td><td></td><td></td><td></td><td></td><td></td><td></td></tr>
</table>

表 3-2　实践课教学目标设计模型

<table>
<tr><th rowspan="3">课题</th><th colspan="4">知识</th><th colspan="3">观察练习</th><th rowspan="3">教学目标</th></tr>
<tr><th rowspan="2">知识点</th><th colspan="3">学习水平</th><th rowspan="2">项目</th><th colspan="2">练习水平</th></tr>
<tr><th>识记</th><th>理解</th><th>应用</th><th>初步学会</th><th>学会</th></tr>
<tr><td></td><td></td><td></td><td></td><td></td><td></td><td></td><td></td><td></td></tr>
</table>

(1) 分析本节课知识与技能的内容及学习水平。

(2) 分析本节课过程与方法的内容及学习水平。

本节课程与方法的内容为练习过程，练习、观察、分析、讨论等方法；学习水平基本为初步学习或体验。

(3) 分析本节课情感态度与价值观的内容及学习水平。

本节课情感态度与价值观的内容为注重调动学生的练习兴趣，加强与学习、生活的联系；学习水平为感受或认识。

需要说明的是，上述三大领域(尤其是后两个领域)在每一节课中不一定全部涉及，需根据教学任务分析决定，有则设计，无则免之，不要牵强附会，一味地追求教学目标设计的完整性和格式化，这样势必又走入了新的误区。

(4) 目标设计。

1) 知识与技能。学生能说出动作的名称；能对照本节课学习内容说出其名称及操作要点；能解释体育动作完成的方法和原理，并初步完成动作；能初步解释所学知识的定义以及作用，并尝试分析具体问题；能准确说出动作的概念，并说出与其他动作的明确区别。

2) 过程与方法。初步学习有关器材的使用方法；通过不断的练习体验体育动作完成方法的科学性。初步认识：观察—分析、讨论—归纳、总结—理解、运用的科学方法过程。

3) 情感态度与价值观。创设运动健身的问题情境，丰富学生的科学体验，激发学生探究的兴趣和学习体育的动机；提供信息，开展讨论，拓展视野，使学生认识到体育与生活和人类生存的密切关系。

除此之外，还可以根据学生的不同特点和体育行为，设计出不同的课时目标，也可以在学习的内容上做比较大的变动。总之，具体的教学目标设计，一定要符合学生的认知水平和能力水平。

第二节　体育教学原则

一、体育教学原则的认识

(一) 体育教学原则的概念认识

从我国教学论发展来看，教学原则的概念引进始于西方教学论。教学原则的概念问题是属于教学原则本体论范畴的根本问题，它直接影响人们对教学原则的深化和发展。“原则”一词在汉语中通常指“观察问题，处理问题的准绳”，在英语中(Principle)含有指导原理、基本要求的意思。因而在教学论中，通常把教学原则定义为对教学的基本要求和指导原理。笔者在对现行的教材、参考书和主要论文中关于教学原则的概念进行审视后，发现其观点和说法不尽相同。

关于教学原则概念的学说主要有以下五种：

1．“要求”说

把教学原则界定为教学的一般(或基本)要求，典型表述为“根据教育教学目的，反映教学规律而指导教学工作的基本要求”。论者直接指出，“在我国教学论界，这种理解差不多是大家公认的”，支持和同意这种观点的是大有人在的。

“要求”说之所以在我国教学论界颇有影响，是有其深刻而长远历史渊源的。作为具有相对独立形态的教育学诞生的标志——夸美纽斯的《大教学论》产生之始就已明确提出来了。赫尔巴特虽然没有直接提“教学原则为教学要求”，但从他以“管理”为主要教学方法的思想中推断出他也持此观点。与之一脉相承的凯洛夫等也是此说的拥护者和发展者。新中国成立之初，我国又全面学习苏联的教育学，这种影响是显而易见的。

这种“要求”说，其实反映了我国教学论界当时对教学原则的研究水平和认识程度，还处在一个经验归纳和主观制定教学原则的知性思维阶段。“要求”说在教学论的形成与发展过程中，在规范和监督具体的教学活动，保证系统知识传授和提高教学质量方面曾发挥了巨大的作用，这是历史已经证明了的。但这种指令性十足的说法也越来越暴露出它的弊端和局限。第一，过分强调教学原则的形式方面，缺乏对原则本身内涵的深刻揭示和整体把握，因此，从概念中映射出明显的片面性和空泛性。第二，教学原则的提出和制定侧重于主观经验总结，而且其所指主要在教师或教的方面，忽视学生或学的方面；只重视知识的传授，忽视能力、情感、意志、审美的养成，成为长期以来滋长和形成“注入式”教学模式的温床。第三，抽象概括程度低，经验主义的指令痕迹明显，主观随意性大。如果把教学原则看作“基本要求”推下去，那么教学过程中的“基本要求”实在太多、太泛了。举例来说，“上课不许大声喧哗”的要求，“注意听讲，不要搞小动作”的要求等，而且这些是最“基本的要求”，难道这能算作教学原则吗？可见，教学原则作为一个科学概念，从外延上讲，把“要求”作为它的“属概念”失之过宽；从抽象概括的角度讲，又失之过“浅”。

2. “规则”说

我国研究者持“教学原则为指导教学活动的规则”之观点的人较持“要求”说的人要少得多。因为人们已认识到，“规则”说虽然在规范具体教学活动中师生的实际操作方面有一定的作用，但把上述的“要求”说更加具体化、操作化，有着明显的狭隘性和肤浅性的局限，许多研究者对教学原则与教学规则作了区分。“规则”说的首创者是德国教育家第斯多惠，他把教学原则看成“一种规则”，并分别论述了有关学生和教学主体、有关教材和教学客体以及适应外在条件、时间、地点、情况等的三类教学规则。这可能是我国部分研究者的理论基础。

3. “策略”说

把教学原则界定为一种教学策略或学习策略的观点，在我国教学理论界并不多见。有论者虽然把教学原则看作对教学过程中教与学双方活动提出的“行动策略”，但采取了折中的“策略”，即认为“行动策略”和“概括性要求”可以互相替换。把教学原则与教学行动策略等同似乎不妥，因为教学策略是较教学原则低一层次的东西，教学策略的设计与制定同样应遵循教学原则。

4. “原理”说

把教学原则的属概念界定为“原理”较为合理。持这种观点的人不少，有的论者从“原则”与“原理”的语义分析，《辞海》对原则的解释为“说话或行事所依据的法则或准则(观察问题的准绳)”。对“原理”解释为“科学的某一领域或部门中有普通意义的基本原则”。在英文中，Principle 为“原则”，即“Basic turth；general law of cause and effect”(原理，准则)。由上可知“原则”与“原理”的意义相同。有的论者从“教学原则”与“教学原理”的关系辨析中论述了“原理”说的合理性。论者还驳斥了把“教学原则”排除在“教学原理”之外的观点，并指出，教学原理包含教学原则，教学原则是教学原理中应用原理部分。

5．“要求—原理”说

这种观点把教学原则界定为教学的一般(基本)要求和指导教学活动的原理结合。这可能是一种避开“两极”、恢复“中道”的折中观点，也可能反映了论者强烈地想把有主观倾向的“要求”上升为“原理”，却又瞻前顾后的良好愿望。“要求—原理”说较早地出现在原上海师范大学编写组编写的《教育学》中。这种观点在一种程度上反映和揭示了教学原则的本质和特点，如它揭示了教学原则形式上的主观性和在内容上的客观性统一的属性，有其合理的成分，但在表述上将经验性的“要求”和理性的“原理”并列在一起，是欠科学的。此外，还有论者认为教学原则是一种权威性的理性规范，即以一定的价值原理为指导，在总结教育实践经验基础上形成的教育工作应当遵循的权威性的理性规范。

(二) 教学原则的性质及特点、地位及作用

1．教学原则的性质

从教学原则的归属性上来说，教学原则的性质有以下几点：

(1) 规范性。教学原则是规范性知识，即有关教学行为的标准、准则方面的知识。

(2) 理论性。教学原则虽具有规范性，但它并非具体的方法，虽指导实践但并非实践本身，它仍是观念形态的东西，仍具有理论的色彩。

(3) 时代性。因为教学原则受制于教学目的，而教学目的是与所处的时代和社会背景有关的；又因为教学原则与我们对教学规律的认识有关，与所处时代的认识水平有关，还因为教学原则虽指导教学实践，反过来也与所处时代人们的教学实践水平有关，所以教学原则具有时代性。

(4) 多样性。理论的东西本应具有一定的稳定性，但由于时代性所致，其稳定性是相对的，其多样性的存在是与其稳定性相对的表现，多样性还来源于人们认识的角度不同，甚至于描述的方式的不同。

2. 关于教学原则的特点

对教学原则特点的认识有助于进一步全面认识它的性质，但专门对教学原则的特点做出详尽论证的人并不多，这里举两个有代表性的观点。有的论者归纳概括出教学原则的六个特点，即历史具体性(时代性)、历史继承性、主客观统一性、理论和实践的统一性、多样性和互补性(各教学原则与教学原则体系之间相互独立、补充)。也有论者着眼于现代教学原则体系的科学构建，总结出现代教学原则的七大特点，即周全辩证性、系统完全性、抽象概括性、普遍实用性、扩充发展性、时代超越性和科学构建性。上述两种观点是从不同着眼点对教学原则的特点做出的探讨，相比较而言，前者着重指明了教学原则的本体属性，对教学原则性质的认识较为深刻；后者着重描述了教学原则及其体系的现代性特征，突出了教学原则的全面系统性。前者可视作教学原则的经典性认识，后者可视作教学原则的发展性认识。

3. 教学原则的地位与作用

教学原则的地位及作用是由其概念及属性决定的，对教学原则概念及属性的不同认识直接关系着人们对其地位及作用的认识。关于教学原则的地位与作用，总体上有两种不同的观点。第一种观点认为教学原则的存在没有必要。其理由是教学原则是“赘瘤”，应“大刀阔斧地砍掉”，只需要按教学过程和教学方法两个层次来组织教材。因为教学原则除了重复教学过程、教学方法、教学组织形式的内容外，本身并没有独特的教学内容，这种观点也确实指出了教学原则内容中某些前后重复雷同和条目林立混乱的缺陷，但把已经存在几百年并在教学实践中发挥过和发挥着重要作用的教学原则“统统枪毙”的极端作法，我们不敢苟同。

第二种观点，也是绝大多数人的观点，认为教学原则的存在很必要，其主要理由有如下几点：

(1) 教学原则是教学论的重要范畴。从历史上讲，自夸美纽斯的《大教学论》问世确立教学原则在教学论中的重要地位一直至今的 300 多年时间里，教学原则在教学实践中发挥的作用是巨大的。从教学论的体系结构上讲，教学原则一直处于教学基本理论向教学方法和教学组织实施的过渡性关键位置，成为教学论体系重要组成部分。

(2) 教学原则是沟通教学理论与教学实践的桥梁或中介。因为它是主观性与客观性的统一，成为人们有效地开展教学活动和设计教学方案的根本依据和完整蓝图。

(3) 教学原则还是进一步深化和发展教学理论的环节。论者从教学本质(或规律)与教学原则的辩证递进关系中，探明了教学原则对教学理论深化和发展的作用，提出“初级本质(或规律)—初级原则(实践)—二级本质(规律)—二级原则—……”的理论演进路线。

(4) 教学原则能促使教学矛盾向积极方面转化，即理论形态条件向现实条件转化，一般条件向具体条件转化、静态无序向动态有序的转化。

根据第二种观点，人们认为教学原则作为教学工作的基本要求和教学规律的具体体现，对教学工作具有指导作用。教学原则带有很强的实践性，而且具有坚实的理论依据。它从对教学规律的认识中得出指导教学实际工作的结论，提出有效行动的要求。在整个教学活动中，教学原则既是教学活动的出发点，又是教学过程的总调节器。它在一定程度上具体决定着教学内容的安排、教学方法的选择和教学组织的运用。无论是从纵的方面还是从横的方面来看，教学原则涉及的面都很宽。因此，学习和掌握教学原则，能使我们按照教学的客观规律组织教学活动，正确解决教学内容、教学方法和教学组织形式等一系列理论与实践问题。遵循教学原则进行教学工作，就能提高教学质量；反之，违背了教学原则，就会降低教学效果，甚至劳而无功。

(三) 教学原则与教学规律、教学规则的关系

许多论者在认识教学原则的性质和特点时，均对教学原则与同它相关的概念术语进行了区分。关于教学原则与教学规律、教学规则的关系，多数论者认为，教学原则是根据教学规律制定的，属于规范性和应用性知识。教学规律则反映教学中诸要素、环节之间的实体关系，属于本体性的存在知识。教学规律是客观的，存在于我们意识之外，但人们在认识它的时候是必定会有主观参与作用的，因此

实际呈现在人们面前的具体论述又是主客观的某种结合。

教学原则是主观制定的，但如果在制定时又正确地依据了对教学规律的客观认识，那么它在某种程度上也是主客观的结合。困难在于我们还不能说我们已穷尽了对教学规律的认识，尽管从理论上说它应当是客观的，但实际上是否客观地认识了它却是另外一回事，人们又总是根据自己对教学规律的某种认识(不一定正确反映了客观的认识)来考虑和制定教学原则的。这样，如果人们对于教学规律的认识偏离了客观实际，那么，所制定的教学原则大半会有这样那样的毛病；然而，即使对于教学规律的认识比较符合客观实际，所制定的教学原则未必就一定是正确的。关于教学原则与教学规律、教学规则的关系，我们从分析中可以看出，教学规律是人们对教学过程本质的认识，而教学原则是根据教学规律制定的，教学规则是根据教学规律和教学原则制定的；教学规律是客观存在的，教学原则和教学规则都带有主观性；教学规则较教学原则更具体更具可操作性。

二、体育教学原则体系的发展

(一) 国内外教学原则体系的发展

中国古代、古希腊时代，尽管都有一些关于教学原则的实际见解，但是作为一个体系来构建教学原则，一般认为始于捷克教育家夸美纽斯(1592—1670)，他在《大教学论》中以四章、占全书四分之一的篇幅来论述教学原则这一主题，其主要的教学原则有教与学的便易性原则、教与学的彻底性原则、教学的简明性与迅速性原则。当代国内外学者、专家对教学原则的概括和表述多种多样，笔者从师生作用、传授知识和发展能力的角度考察，将他们提出的教学原则体系分为以下三点：

(1) 强调教师的主导作用，以向学生传授知识和技能为主的教学原则。

(2) 强调学生的主动性，以培养能力、发展个性为主的教学原则。

(3) 重视师生配合，试图把传授知识与发展能力统一起来的教学原则。

1．强调教师的主导作用，以向学生传授知识和技能为主的教学原则

以苏联教育家凯洛夫为总主编的《教育学》(1956 年)所提出的教学原则体系

由以下七条原则组成：

(1) 在掌握知识的过程中，学生的自觉性和积极性原则。

(2) 教学的直观性原则。

(3) 教学上的理论与实际相结合原则。

(4) 教学的系统性和连贯性原则。

(5) 掌握知识的巩固性原则。

(6) 教学的可接受性原则。

(7) 在教师对班级进行集体工作的条件下，对学生进行个别指导的原则。

凯洛夫认为，这些原则是互相联系的整体，不可分割。该原则体系较之 1948 年版本，在学生主动性和能力培养方面有所重视，但强调的仍然是教师的作用，偏重于知识技能的传授。

美国学者奥苏贝尔运用现代认知心理学观点，研究夸美纽斯和赫尔巴特以来的传统教学理论，于 20 世纪 60 年代提出“有意义接受学习”的教学思想。从他的理论中可概括出以下两条一般性的教学原则：

(1) 知识的逻辑意义转化为知识的心理意义原则，强调新旧知识的联系与转化。

(2) 知识的不断分化与综合贯通相结合原则，强调从一般到具体的教学路线，要求提供“先行组织者”，以“同化”知识，同时要加强知识间的纵向和横向联系。

美国学者科尔·P. 乔治从教师的角度出发，提出“三类九种”原则体系。第一类是有效传递原则。有效的传递是有效教学的基础，教师作用的发挥很大程度上依赖于高超的传递技能。第二类是信息组织和控制原则，包括准备原则、讲解和演示原则、提高原则、布置作业原则、反馈和矫正原则、评估与评价原则。这些原则旨在组织和传递信息，以保证学生的有效学习。第三类是动机和课堂管理原则，包括动机与强化原则、课堂管理原则。此类原则旨在保证学生集中注意力，保持学习动机，以使他们积极参与学习过程。这三类原则相互联系、相互影响。

2. 强调学生的主动性，以培养能力、发展个性为主的教学原则

苏联学者赞科夫在“以尽可能大的教学效果促进学生的一般发展”的思想指

导下，经过长期实验研究，提出了新的教学原则体系，具体有以下几点内容：

(1) 以高难度进行教学的原则。

(2) 以高速度进行教学的原则。

(3) 理论知识起主导作用的原则。

(4) 使学生理解学习过程的原则。

(5) 使全班学生(包括差生)都得到一般发展的原则。

美国教育家布鲁纳从认知结构主义观点出发，重视学生思维能力，特别是直观思维能力和探究发现能力的培养，提出了以下四条教学原则：

(1) 动机原则。要求学生要有学习的心理准备，引导他们在探索和解答问题过程中充分获得内外的满足，把外来动机转化为内在动机。

(2) 结构原则。强调应掌握学科的基本结构，它表现为概念、原理和法则等形式。

(3) 程序原则。要求教师要根据学生认知发展顺序，合理考虑教材呈现的顺序。

(4) 强化原则，即指导学习结果原则。

日本筑波大学教育学研究会编的《现代教育学基础》中着重介绍兴趣和直观两个原则，并列举了文化价值原则、主动性原则、自我活动原则、作业原则、个别化原则、个性化原则、社会化原则、练习原则等。书中还介绍了筱原助市的见解，该学者指出：在动机上有兴趣原则；在活动方面有注意和自我活动原则；在结果上有练习原则；在促成方面有权威与自由的权利原则；而原则的原则则是爱的原则。

我国的教育学、教学论所确定的一些教学原则基本上来自苏联教育学，从20世纪90年代以后，已开始从根本上摆脱凯洛夫教学原则的框架。对旧教学原则体系的不合理发难批评，研究者已开始提出构建新的教学原则体系，这一阶段具有代表性、权威性的研究成果是张楚廷的著作《教学原则新论》(1993 年)，他提出的教学原则体系如下：

(1) 智力培养与心力发展相结合的原则。

(2) 知识传授与能力培养相结合的原则。

(3) 思维训练与操作训练相结合原则。

(4) 收敛思维训练与发散思维训练相结合的原则。

(5) 深入与浅出相结合的原则。

(6) 教师的主导作用与学生主体作用相结合原则。

3．重视师生配合，试图把传授知识与发展能力统一起来的教学原则

美国学者布卢姆在长期的教育研究，特别是在“教育目标分类学”研究的基础上，于 20 世纪 60 年代末提出了“掌握学习”的教学理论，试图最大可能地发挥师生教与学的积极性，全面提高教学质量。根据他的理论，我们概括出八条教学原则，具体如下：

(1) 面向全体学生的原则。

(2) 教师目标主导性原则。

(3) 教学目标体系完整性原则。

(4) 知识系统性原则。

(5) 措施与目标紧密对应原则。

(6) 教学的针对性原则。

(7) 教学评价的教学性原则。

(8) 及时反馈矫正原则。

巴班斯基从系统观点和最优化方法论出发，在 20 世纪 70 年代末和 80 年代初，提出了他的教学原则体系，具体如下：

(1) 相互联系地解决学生的教养、共产主义教育和一般发展任务的教学目的性原则。

(2) 教学的科学性原则。

(3) 教学同生活、同共产主义建设实践联系原则。

(4) 教学的系统性和循序性原则。

(5) 可接受性原则。

(6) 在教师发挥指导作用下，学生在教学中的自觉性和积极性原则。

(7) 教学的直观性原则。

(8) 依据任务和内容配合运用各种教学方法和手段原则。

(9) 依据教学任务、内容和方法，配合运用各种教学组织形式原则。

(10) 为教学创造必要条件原则。

(11) 教养、教育和发展效果的巩固性、理解性和实效性原则。

上述诸原则虽然是一个相互联系的整体，但可根据教学的基本成分和教学条件，有侧重地加以选用。根据教学任务，主要选用第(1)条；根据教学内容，主要选用第(2)、(5)条；根据教学方法和相应手段，主要选用第(6)～(8)条；根据教学组织形式，主要选用第(9)条；根据教学条件，主要选用第(10)条；最后根据教学效果，主要选用第(11)条。

我国教学论专家王策三在《中国大百科全书》(教育卷)中提出我国中小学的主要教学原则，具体如下；

(1) 科学性与思想性统一原则。

(2) 理论联系实际原则。

(3) 教师主导作用与学生主动性结合原则。

(4) 传授知识和发展智力统一原则。

(5) 系统性原则。

(6) 直观性原则。

(7) 巩固性原则。

(8) 量力性原则。

(9) 统一要求与因材施教结合原则。该原则体系基本反映了我国多数教育学版本的体系。

我国台湾学者孙邦正、郭为蕾、黄中等人所持的看法是一致的，都认为教学原则有八条：准备原则、类化原则、自动原则、兴趣原则、个别适应原则、社会化原则、熟练原则、同时学习原则。黄中还把八条原则分为三类。就教学的起点而言，有准备原则、类化原则；就教学的过程而言，有自动原则、兴趣原则、个性适应原则、社会化原则；就教学的结果而言，则有熟练原则和同时学习原则。

唐文中主编的《教学论》(1990 年)认为，教学原则体系由三部分组成：第一部分是从宏观上、较高层次上提出的，对第二、第三部分的教学原则具有指导作用，它们是目的性原则、积极性原则、整体性原则；第二部分是从教学过程作为特殊认识过程提出的，有理论联系实际原则、科学性原则、直观性原则、循序渐进原则；第三部分是从教学过程作为社会的人际关系现象提出的，有情境性原则和民主性原则。

从上述的介绍中可以看出，各种原则内容和体系既有差异之处，也有相同之处。

差异之处：①条目不同。②概括表述不同。③体系结构不同。有的区分层次和类别，但多数原则体系是不分层次和类别。④理论依据不同。在上述列举的原则体系中，凯洛夫主要是从认识论出发；巴班斯基是以系统方法论为基础；赞科夫主要建立在心理学家维果茨基的“最近发展区”理论基础上；合作教育学是从人道主义(属社会学范畴)出发；布鲁纳和奥苏贝尔是以现代认识理论为基础，都强调“结构”在教学中的作用。还有的是把现代系统理论(信息论、控制论、系统论的总称)和生物系统论作为理论基础。此外，还应看到，有的原则体系主要是继承和借鉴而来，有的主要是理论思维的产物，还有的主要是通过现实的实验概括出来的。可见主要理论依据和来源不同，是造成各原则内容和体系在本质上差别的主要原因。

相同之处：

(1) 在教学过程中，师生在授受知识与发展能力问题上的差别只是相对的，而不是绝对的，并且发展趋势是既重视教的主导作用，又重视学的主体地位，日益强调教与学的协同合作，强调掌握知识与发展能力的辩证统一，这种趋势在各个原则体系中都不同程度地得到体现。

(2) 有些原则只是名称不同，其含义和实质均相同或基本相同，甚至有的原则在名称上完全对立，而实质是基本相同的。

(3) 上述的所有原则体系都服务于特定的教学目的，也符合或基本符合教学规律，都以一定的科学作为理论基础，都有一定的科学价值。

通过比较分析，笔者认为教学原则内容和体系的千姿百态是一件好事，反映了教学理论研究“百花齐放、百花争鸣”的民主风气。究竟教学原则如何概括(定义)，数量应多少(定量)，解决这些问题是一项长期而艰巨的任务。在笔者看来，制定原则要符合科学性和效用性两条最基本的标准。科学性是指要全面反映教学目的和教学过程的规律，既能指导教又能指导学。实用性是指所定原则要能指导教学活动，便于运用，讲求实效。因此，名称尽量简明扼要，原则数量要适当，还要处理好继承与创新的关系。

(二) 国内教学原则体系的发展

1. 我国20世纪三四十年代对体育教学原则的提法

陈泳声先生所著《体育概论》(1934)中，曾阐述了体育教学原则，提出在体育教学中要有兴趣，要适应年龄，要适应学校环境，要适合国情，应多采用自然活动。要适应气候，切合实际，应分别等级。可见，早期的体育教学原则受“自然适应性”的教学观影响很大。

王学政编著的《体育概论》(1944)所提出的教学原则，基本依据美国心理学家、教育家桑代克的“学习与教学方面的根本规律”，即准备律—练习律—效果律。在这本书中作者对体育教学原则做了如下阐述：①按照准备律，首先引起动机，启发学生之意向；②按照练习律，练习不可间断，勿敷衍行事；③根据效果律，引起满足之感，而欲引起满足兴趣则更重要。

20世纪三四十年代，我国体育教学受到资产阶级教育家、心理学家提出的“自然适应性”“实用主义教学观”影响较大，能够引证或借助于当时自然科学、心理学研究的发展成果对体育教学原则进行论证，这无疑是教学原则研究的一大进步。同时，我们可以看出，这种认识实质上仍然没有超出经验总结或经验结晶的水平，对教学客观规律的概括水平还比较落后，这些教学理论与观点因阶级与历史的局限，还不能全面提示体育教学的基本规律，提出正确的体育教学原则。它从一个侧面反映了近代体育教学研究中，人们对教学规律、教学原则、教学要求之间的界限尚不是很清晰，从而导致对教学过程中基本矛盾划分的基础或采取的标准多种多样，提出或建立体育教学原则的着眼点各不相同，但是其中也有许多可以借鉴和继承的，对研究和发展我国体育教学原则有着重要的参考价值。

2. 我国20世纪五六十年代对体育教学原则的提法

我国20世纪50年代以来，学习与借鉴苏联的体育教育理论。苏联体育理论家依•格•凯里舍夫、格•依•库库什金、科里亚科索夫斯基的体育教育理论在体育界与学术界影响深远，体育教学原则基本形成了完整的体系。

苏联依•格•凯里舍夫主编的《苏联体育教育理论》(1955)提出的体育教学原则体系由五项原则组成：①自觉积极性原则；②直观性原则；③系统性和连贯性原则；④可接受性原则；⑤巩固性原则。格•依•库库什金在其主编的《体育教学理论》(1955)中提出了七项体育教学原则：①教育性原则；②系统性原则；③直观性原则；④自觉性原则；⑤积极性原则；⑥可接性原则；⑦巩固性原则。

科里亚科索夫斯基主编的《体育理论》(1958)提出的苏联教学的基本原则包括：①自觉性和积极性原则；②直观性原则；③系统性原则；④可接受性原则；⑤巩固性原则。

苏联体育教学原则理论体系主要受凯洛夫教育理论的影响，是通过对教学过程的实质、因素以及教学对象的分析提出的，比较注重教师在教学中的作用，偏重于教学过程中对学生的知识和技能的传授要求。苏联体育教学原则思想和体系对中国20世纪五六十年代的体育教学产生了极大影响。

我国20世纪60年代自编了《体育理论》教材。由教育部编审的体育学院本科教材，提出了教学与训练原则，具体内容如下：①从对象的具体情况(特别是身体条件)出发原则；②直观与思维相结合原则；③身体全面训练原则；④系统性原则；⑤合理运用运动量原则；⑥训练的长期性和周期性原则。

1963年教育部编审的体育中专《体育理论》教材中，提出了七项教学原则：①自觉积极性原则；②直观性原则；③从学生实际出发原则；④循序渐进原则；⑤身体全面锻炼原则；⑥合理运用运动量原则；⑦巩固提高原则。

上述这些原则较之20世纪50年代的体育教学原则体系有了很大的发展，在学生的主动性和能力培养方面有所重视，对指导体育教学工作起了重要的历史作用。但是，以上对体育教学原则的阐述、确立是从体育教学实践经验以及教育学中的有关原则中引出来的，因而这些体育教学原则难以全面、准确地反映体育教学的客观规律，对体育教学原则的论述往往带有一种比较片面和零散的特点。

3. 我国20世纪80年代以后体育教学原则的发展轨迹

20 世纪 80 年代以后，我国体育理论界开始致力于探索具有中国特色的体育教学原则体系，但至今没有形成统一认识。

金钦昌在《学校体育理论》(1987)中提出了中小学体育教学过程中的主要原则，整个体育教学原则体系共有七项教学原则：①自觉性积极性原则；②从实际出发原则；③身体全面发展原则；④合理安排生理负荷原则；⑤直观性原则；⑥循序渐进原则；⑦巩固与提高原则。

王伯英、曲宗湖所著的《体育教学理论》(1988)把体育教学原则归纳为如下体系：教育性原则(社会主义方向性原则、自觉积极性原则、正面教育原则、集体力量教育原则)；科学性原则(直观性原则、系统性原则、因材施教原则、巩固提高原则)；锻炼性原则(全面锻炼原则、循序渐进原则、适宜的运动负荷原则、持续性原则)。如此对体育教学原则的论述，与以往的体育教学理论比较，有了一定的突破，试图把教育学中所确定的一些教育和教学原则与体育教学原则凑合在一起，但没有真正形成适用于体育教学过程的体育教学原则体系。

全国体育学院统编教材《学校体育学》(1990)指出，体育教学的应用，是通过执行教学原则来体现的。根据体育教学规律，在体育教学中应贯彻执行的教学原则有以下七项：①增强体质与促进学生全面发展相结合的原则；②教师主导作用与学生自觉性相结合的原则；③直观思维与实践相结合原则；④合理安排负荷与休息原则；⑤系统性与突出重点相结合的原则；⑥统一要求与区别对待相结合原则；⑦巩固与提高相结合的原则。

于长镇在其主编的《体育教学理论》(1991)中指出，学校体育是整个教育中的一个重要组成部分，因此，体育教学应全面贯彻一般教育学提出的教学原则。体育教学的一般性原则有：①社会主义方向原则；②在教师指导下发挥学生自觉积极性、独立性原则；③直观性原则；④系统性和循序渐进的原则；⑤统一要求和因材施教相结合的原则；⑥巩固提高原则。体育教学的特殊性原则有：①身体全面发展原则；②合理安排运动负荷原则；③掌握“三基”与发展体能相结合的原则。

吴锦毅、李祥主编的《学校体育学》(1995)认为，教学规律是确定教学原则的客观依据。教学规律对教学的指导作用是通过教学原则发挥的，从而提出以下五项教学原则：①自觉性与协同性相统一的原则；②健康性与娱乐性相统一的原则；③体能发展与技能发展相统一的原则；④整体性与因材施教相统一的原则；⑤直观模仿与启发思维相统一的原则。

陈建中在《探究新时期体育教学原则》(2000)中，在现代教育理论的基础上，提出在体育教学工作中应贯彻带生教学、科学健康、精教乐学、宽松有序、终身体育等原则。

从上述专家、学者对体育教学原则的研究可以看出，我国体育教学原则深受苏联凯洛夫教学原则的影响，总体上看这些体育教学原则的研究在体系和内容上没有大的突破和创新。体育教学原则之所以没有形成科学的体系，我们认为原因是多方面的。体育教学原则是体育教学规律的反映，人们对体育教学规律的认识不一致，即使是同一条规律，由于理解不同，也可能提出不同的教学原则。

20 世纪 80 年代以后，我国体育教学原则的研究体现了对时代精神和最新研究成果的反映和吸收，但在理论的依据、研究的出发点、研究的方法、原则体系及其表述等方面，还存在着很大的差异。这些差异一方面说明了体育教学原则内容和体系的多样化，反映了教学理论研究深化过程中的民主气氛；另一方面说明了对体育教学原则的研究仍然面临着艰巨的任务，现代体育教学原则体系还远未成熟和定型，或许还需要一定的时间和实践的检验。很显然，现代体育教学原则内容研究和体系的构建，将是一项长期艰巨的任务。

三、体育教学的主要原则

(一) 全面贯彻教授、学习、研究三者同步协调原则

(1) 教师的教与学生的学应同步协调，即师生共同参与知识发现、技能形成的过程。为此，提倡课堂讨论，师生共同参与课堂讲授是人认识活动的内在要求。首先，精心设计，层层设问。教师要深入钻研，吃透教材内容，深刻体会和掌握本学科各知识间的内在联系，从学生已有的知识出发，精心设计，层层设问，通过提问促使学生积极参与、积极思维，获得新的知识。其次，注意信息反馈，及

时调节教学方式。教师要善于捕捉学生的反馈信息，利用反馈信息来调控信息传递系统。教师要始终注视着学生，注意观察学生的面部表情、眼睛和动作。教师应随时根据反馈信息，调整教学内容、练习、速度以及语言，以决定是否重复讲解与示范，这样方可收到良好的效果。

(2) 教师应经常研究教材与方法，适时地把自己的心得体会与研究成果运用到教学中，为学生提供探究的素材。

(3) 在教学中应鼓励学生对问题进行研究、探索，自己设问或自由提问。在这个过程中，学生的参与意识得到进一步实现，学生的人格受到应有的尊重，思想上受到启发，其学习积极性和自信心就会大大提高。

(二) 辩证运用通俗化原则

通俗，就是讲课时尽量采用通俗易懂的语言，深入浅出地讲清比较深奥难懂的教学内容，起到化难为易、易记易用的作用。一种知识是否容易理解，在一定程度上取决于讲授的方式。

美国心理学家布鲁纳认为："任何学科的基本原理，都可以用某种形式交给任何年龄的任何人。"但在通俗的基础上，一定要注意内容的科学性，尽量使用准确的语言，切不可为了通俗面失去准确性。教学中需要两套语言，一是科学语言，二是通俗的口头语言。这两种语言交替使用，互相补充，才有利于取得好的教学效果。

(三) 巧妙运用趣味性原则

中小学生有着强烈的好奇心和求知欲，充满想象力。教师应以有趣味的内容充分调动学生的兴趣。体育教师在课堂教学中，应联系教学内容，经常有选择地介绍一些生动形象的逸闻趣事、具有挑战性的问题，以及生动形象的动作示范等，以激发学生的学习兴趣，使学生产生求知欲。

趣味性原则要求在形式上自由、灵活，提倡寓教于乐。趣味化教学让学生在兴趣盎然的状态下、在生动活泼的课堂气氛中学习，在教师的引导启发下动手、动脑、动口。

(四) 共同投入理性情感原则

共同投入理性情感，即体育教师和学生在课堂中不仅要运用科学的方法去健身，而且要投入感情来完善人格，从而使体育课堂教学成为充满生机的学习过程。

1. 在课堂中要有力地激发情感

通过提出问题、解答问题等环节，使学生的期望出乎意料地得到满足，从而激发出学生高度愉悦的学习情绪。一个优美的动作、一个有趣的问题、一个生动的故事，都能有效地激发学生的情感，使学生陶醉在愉悦的氛围之中；也可运用美的事物、语言、动作、方法等去激发学生的学习热情。在体育课堂教学中，体育教师要善于挖掘教材，用美的思想去启迪学生的思维智慧。

2. 在课堂中要细心地培养情感

学生原有的需要得到满足后，应不断地促使其产生新的需要，如此循环来提高学生的学习情绪，如教学中善于设疑、激疑，巧设悬念，留有思考余地，让学生去思索、去尝试，为学生创造条件。

教师要通过自己的讲授把学生的情感调节到恰到好处的状态，适当地控制情感，做到有张有弛，这是课堂讲授进入艺术境界的重要手段。

总之，这四个原则构成一个统一的整体。教学、学习、研究同步协调，既教猜想又教证明原则是最高原则，贯穿于整个体育教学的始终。在这些原则的指导下，教师应根据自己的特长选择教学方法，创造有感情的学习环境。把真才实学地教、真情实感地爱与真心实意地帮结合起来，使体育课堂教学真正做到以理服人、以情动人，从而进入较高的教学艺术境界，达到教书育人的目的。

第三节　体育教学原则的补充与完善

补充与完善体育教学原则的主要依据：①坚持历史唯物主义，在继承传统体育教学原则的基础上，吸收精华，对其进行完善；②从现代体育教学实践经验中进行总结和提炼，新一轮基础教育课程改革和《体育与健康课程标准》的实施促进了体育教学思想的转变和教学实践的发展；③在母学科先进教学原则理论与体育教学特点和规律的结合中进行逻辑推理和演绎，尽可能提出体育教学特点的“本体”教学原则；④在体育教学中体现新课程改革和《体育与健康课程标准》的要求和特征，要注意从学生的逻辑起点来补充与完善原则，在表述时抓住矛盾的主要方面，力求做到教学原则与教学思想、教学目标、教学方法的区分。

根据以上补充与完善体育教学原则的依据，根据健康第一、素质教育，《体育与健康课程标准》的理念和坚持长时间探索，与实现学校体育的功能等指导思想，应淡化“竞技运动”的教学模式，重视体育课程的功能开发，增强体育课程的综合性，增强身心的统一性，培养学生的运动兴趣，树立学生终身体育的观念，培养学生的意志品质，提高学生的社会适应能力，以人为本重视学生的主体地位，评价应有利于全面发展学生的身体素质、有利于促进学生积极锻炼。针对传统体育教学原则的缺陷，依据现代教育理念和教学规律补充完善如下体育教学原则：健康性原则；主体性原则；兴趣性原则；创新性原则；为终身体育打基础原则；多元评价教学原则。

一、健康性原则

（一）健康性原则的概念

健康性原则是指在体育教学中必须围绕增进学生健康这一目标来开展教学。从教学内容的确定到体育教材的选编，从教学方法的选择到教学手段的运用，都将渗透这一原则。在体育教学中，教学的重点不仅指向学生的身体的发展，更要指向学生的心理发展与完善，促进学生身心协调健康的发展，过去体育教学偏重于生物观，现在更要从心理的、社会的、生物的观念去全面认识体育教学。

（二）健康性原则的依据

1．健康观念不断发展的要求

健康的内涵是随着社会的发展，人们自身对健康的认识逐步提高而不断地扩大的。在人的意识里，最初认为作为一个生物人，健康无非是生理方面的健康，即体质很好，生长发育正常，没有疾病，这就形成了单纯的生物健康观。

后来人们认识到心理方面的健康也很重要，健康的人必须是智力发育正常，精神、情绪、意识方面处于良好的状态，于是就提倡身心健康全面发展。后来发现还不够，又加上了社会学的属性，如善于与人合作、集体观念、对社会的适应能力等，最后形成了生理、心理、社会三种属性为一体的三维健康观，三种属性相辅相成，相互促进，不可分割。世界卫生组织对健康的定义也是建立在三维健康观的基础上，健康不仅仅是指没有疾病或不虚弱，而是生理方面、心理方面、社会适应方面完全处于良好状态。笔者对健康的概念在中学生中进行了问卷调查，调查学校体育是教育的重要组成部分，是促进学生健康发展的重要手段，理所当然要坚决树立健康性原则，责无旁贷地对健康承担自己所应承担的那部分责任。这一点人们早有共识，然而自 1977 年我国恢复高考制度以来，随着时间的推移，基础教育领域的“应试教育”违背了教育教学规律与青少年身心发展规律，使体育教育、健康教育长期不被重视，而在学校体育教育领域内，一度占据重要位置的自然教育、技术教育、体质教育与竞技教育的思想观念指导下的体育教育工作也偏离了增强体质、增进身心健康的体育教育的核心方向。1995 年全国学生体质健康调研结果表明，我国中小学生的形态发育有明显提高，与 10 年前相比 7～8 岁的学生平均身高增长 3.09 厘米，平均体重增长 2.5 千克，“豆芽型”体型得到改善，速度素质、力量素质与爆发力逐渐提高，部分常见病有所下降，城市学生保健水平有所提高，但还存在一些不容忽视的问题，如学生的耐力素质、柔韧性素质、肺活量趋于停滞甚至有所下降，肥胖儿童或超体重比率增长较快，城市学生近视率居高不下，农村学生近视率呈上升趋势，农村地区学生的口腔保健水平亟待提高。另外，学生的心理品质也存在明显弱点，意志比较薄弱，缺乏抗挫折能力，缺乏竞争意识与危机意识等。造成上述情况的原因多种多样，但究其根本，主要是这些思想观念在特定的社会环境下对学校体育教育虽然产生了一定的积极作用，但其自身难以克服的局限性使之不能适应现代教育的需要。因为其归根结底是不同程度地忽略了体育教学必须以育人为出发点和归宿，所以，有必要对传统的体育教学观念，重新认识、批判继承、便于转变观念，从根本上进行学校体育教学改革。

2．人与社会协调发展的客观要求

《中共中央国务院关于深化教育改革全面推进素质教育的决定》中指出：“健康体魄是青少年为祖国和人民服务的基本前提，是中华民族旺盛生命力的体现。学校教育要树立健康第一的指导思想，切实加强体育工作。”这是教育整体改革的重要方向，更是学校体育工作的重心。尽管我国青少年的健康水平较新中国成立之时有了极大的提高，但在国家改革开放的新时期，对青少年的健康又提出了新的要求，同时赋予了健康新的内涵，即身体、心理、社会的和谐统一的健康观。如果说当时提出这些号召是有社会现实使命的话，那么现在提出健康性原则更离不开当今社会发展需要。无论是社会主义现代化建设，还是改革开放，都离不开生产力中“最革命、最活跃的因素”——人。

社会进步是以科学技术发展为客观标志的，而科学技术发展的关键因素是需要掌握一定科学技术的人。现代社会的高度发展对人的健康提出了严峻的挑战，生产的高度社会化，在很大程度上剥夺了人们从事体力劳动的机会；从交通工具的完善到现代通信手段的普及，从办公自动化到信息资源无限扩充，人们从繁重的体力劳动中解脱出来的同时也诱发了“文明病”的蔓延。这一切反映了整个社会生产发展不再直接依附于人的体力因素，而转向智力因素的基本特征；社会所需要的人首先是健康的，而不仅仅是体力发达。

中小学生体质下降，肥胖、“豆芽”型学生增多，给学校体育敲响了警钟，也给学校体育提出了新的要求。据报道，我国青少年的身体形态、生理机能的许多指标开始出现低于日本人的趋势。2001 年开始的高校征兵，大学生的健康水平也令人担忧：南昌仅有 1 / 4 过关，广州仅有 1 / 7 通过初检，这与长期以来健康问题没有得到足够的重视不无关系。社会要求学校提供的是全面发展的社会主义现代化建设者和保卫者，而学生的这种身体素质状况很难适应新世纪社会发展的客观要求。

3．素质教育的基本要求

1985 年的《中共中央关于教育体制改革的决定》指出，教育要为我国的经济和社会发展培养各级各类合格人才，而合格人才的集中反映是全面发展，全面发展所包含的内容有体育、智育、德育、美育、劳动技术教育等。因此，作为教育的重要内容，体育在教育中必将担负起发展学生身体，增强学生体质的任务，而强健的身体不仅是实现智育、德育、美育、劳动技术教育的手段，也是教育本身所追求的目标之一。素质教育是以促进人的身心和谐发展，提高人的综合素质为目的的。素质教育的提出，进一步肯定了学校体育的作用。身心素质是公认的基本素质之一，因此学校体育必然成为素质教育的重要内容。而健康的获得离不开身心基础，世界卫生组织对健康的描述正是构筑在身心这一基石上的，把健康性原则作为学校体育的教学原则，不仅强化了素质教育在学校体育中的地位，也是对素质教育的重要补充。

4．学校体育目的所在

健康性原则既是学校体育的出发点，也是学校体育的归宿，是衡量学校体育成败与否的基本标准。培养身体健康、体魄健壮的学生是学校体育各阶段的根本任务，要实现广大学生体质状况的明显好转，提高新世纪祖国建设者和保卫者的身体素质，健康性原则是实现这些目标的理论前提。健康性原则是对整个学校体育体系提出的一个基本要求，也是全体学生全面发展的基础，贯彻落实健康性原则也是对学校体育任务的一个高度概括。学校集中了数以亿计的未来社会的栋梁，他们所需要的健康体魄必须在学校里打下坚实的基础，而学校体育正是保证他们拥有强健身体的有效手段。同时，学校体育目标与健康性原则有必然的一致性，健康所包含的身心和谐发展，也是体育的根本目标。

5．体育教学目标的内在要求

体育教学活动的展开要围绕体育教学目标进行。在新颁布的《体育与健康课程标准》中，根据三维健康观和体育本身的特点，以及国外体育课程的发展趋势，将不同性质的学习内容划分为运动参与、运动技能、身体健康、心理健康和社会适应五个方面，规定了体育学习领域目标，这五个领域实际上由两条主线构成，一条是运动主线，包括运动参与和运动技能，另一条主线是健康主线，包括身体健康，心理健康和社会适应。

(三) 贯彻健康性原则的基本要求

1. 重构学校体育内容

从客观上分析，学校体育包括体育教学、课外体育活动(包括早操、课间操、课外体育锻炼、运动训练和竞赛)等内容，其中体育教学是学校体育的重心，但在实际操作过程中，由于体育教学组织和评价的复杂性，使得学校体育的评价中突出的是运动训练和竞赛(特别是竞赛)这一在评价中最具客观性的内容。因此，各类学校将重点转移到运动训练和竞赛方面来，与之相适应的各类竞赛活动呼之欲出，本是用来促进学校体育发展的运动会反而成了学校体育发展的阻碍因素，各级各类学校投入大量的人力、物力和财力来应付各类竞赛活动，而使学校体育的重心——体育教学和课外体育锻炼被忽视。作为学校体育组成部分(形式)，体育课对贯彻健康性原则只能起一个引导作用，而运动训练和竞赛不可能照顾到绝大多数学生。因此，学校体育的重心应由体育教学或运动训练转向课外体育锻炼。各级教育(体育)行政主管部门应加大这方面引导和管理的力度，从教材选编、组织管理、评价等多方面加以指导。

2. 改变传统的教学模式

无论哪种形式的体育教学改革，都没有从根本上改变过去那种“传习式”的教学方式，改革的只是教学手段、教学组织形式等方面。要使教学变成“学生要学什么，教师就教什么”这样一种教学模式，学校体育的重心应由课堂体育教学转向课外体育活动，让学生有更大的自由度，有更大的自由选择内容、方法、手段的空间，使学生学会1～2项终身享用的体育项目就可以了。因此，体育教学应为课外体育活动服务，而不是相反。长期以来，课外体育活动成了课堂体育教学的补充和延伸，严重影响了学生积极参与课外体育活动的主动性。

健康性原则要求的对象是学生，而不是教师。贯彻健康性原则要体现在学校体育的整个体系中，而不是其中的某个方面。目前，我们的学校体育不管是教材选编还是组织管理、评价等方面，考虑的大都是教师要求怎样，对学生只是满足达到怎样的一个身体评价指标和运动技能要求。这种追求客观的、所谓的量化标准，在某种程度上起了促进学生练习的积极作用，但更多的是使学生产生一种以这个量化标准为目标的思想，影响了学生的长期发展。因此，要贯彻健康性原则，就必须促使学校体育的重心由体育教学向课外体育活动转变。学生的体质、身心健康应成为衡量学校体育卫生工作质量的最重要的指标。

3. 面向全体学生

作为被教育者，每一位学生都同样享有接受教育的权利，作为学校教育一部分的学校体育也不例外，需要面向全体学生。健康性原则更是要求学校体育的对象是全体学生。长期以来，学校教育以“应试教育”为主，应试教育的实质是一种“精英教育”，在教育过程中不断淘汰落后者，学校体育也不例外地受其影响。学校体育以竞技运动为主体内容，从教学内容的选择、教学方法的运用到学校体育工作的评价，都是以竞技运动为主要标志，特别是运动竞赛成绩在很大程度上作为衡量一个教师、一所学校体育工作成绩的主要评价指标，使得体育教师和学校将大量的精力投入到运动训练和竞赛方面来。对绝大多数学生而言，掌握相关的竞技运动技术固然必要，但事实上，他们并不是都有掌握那些可望而不可即的运动技术的欲望。竞技运动难度大、要求高，使学生对体育课有一种畏惧的心理，并且对学生的健康成长也不一定是有利的。面向全体学生，不是要求教师或学校对每一个学生用同样的要求或标准，而是要根据学生的实际健康水平和身体情况，有针对性地运用不同教学手段。与此相适应，竞技运动训练和竞赛也根据不同的运动水平来安排，使广大学生都能体验到运动竞赛的乐趣。同时，通过学校体育重心的转移，使学生们在课外体育活动中不仅体验到运动的乐趣，更能使他们得到健康的身体。

二、兴趣性原则

（一）兴趣性原则的概念

兴趣性原则是指在体育教学过程中，要充分激发和培养学生的体育兴趣，在体育实践中有意进行强化、引导，充分挖掘学生的体育潜能，使这种动力保持长久，形成坚持锻炼的习惯和终身体育的意识，以使体育教学得以顺利进行，圆满完成教学任务。

(二) 兴趣性原则的依据

1. 学生本身的内在需求

兴趣是人们积极地接触、认识和探索某种事物的心理倾向。这种心理倾向表现为对某种事物的预先注意和积极、肯定的态度以及力求去认识，而体育兴趣就是积极认识体育运动或从事体育运动的心理倾向。法国教育家第斯多惠说过：“教学艺术的本质不在于传授本领而在于激励、唤醒、鼓舞。”兴趣是最好的老师，学生的学习兴趣直接影响着学生的学习行为和效果；学生能否通过体育与健康课程的学习形成体育锻炼的习惯，兴趣发挥着非常重要的作用。传统体育教学模式虽然也能完成教育的基本任务，但在激发学生的体育学习和活动的兴趣、促进学生主动参与体育活动方面却很难说有多少积极的作用。体育兴趣的培养作为我国体育课教学的主要目标之一，早在1956年颁布的第一部《中小学体育教学大纲(草案)》中就已进行了明确规定。近些年来，随着终身体育思想和实践的发展，体育兴趣的培养问题更加引起学校体育界的高度重视，在新的《体育与健康课程标准》中，有专门论述和明确具体的要求与规定。

然而，谁曾真正意识到，现行的体育课教学与其说注重体育兴趣的培养，倒不如说是在不断扼杀学生的体育兴趣，这或许有点危言耸听，却是谁也无法否认的现实。据上海市的一项调查表明，在小学时，体育课是学生最受欢迎的课程，有58.7%的学生对体育课程表示满意。但到了初中体育课降至第二位，表示满意的学生降至34.8%；到了高中体育已降到最后一位，表示满意的学生只有11.9%。另据王晓刃(1988)对394名高中学生进行的体育兴趣调查结果显示，对“体育课有兴趣”者仅占18.9%，这就可以充分说明这一点。又据调查，我国16岁以上居民中有66.74%的人不参加任何体育活动，其中相当多的人是因为对体育缺乏兴趣，占各种不参加体育活动原因的第三位。2000年的调查也表明，学生在回答“不愿参加体育锻炼的原因”时，将怕累(54.5%)、没有喜欢的项目(51.3%)和没有习惯(50.0%)列在前三位。这些情况说明强调学生学习兴趣在体育课程改革中具有特别重要的意义。

2. 学习理论

俗话说：“活到老，学到老。”可见学习是每个人终生的事情，历来受到人们的高度重视。在心理学中，学习是一个含义极广的概念，表现形式可谓多种多样。例如，小孩练习行走穿衣，牙牙学语是学习；科学家的创造发明是学习；学生在学校里系统地掌握知识、技能，形成良好的态度和行为习惯，培养高尚的情操和道德品质等，更是一种有目的、有指导的学习。可是，学习到底是指什么呢？国外不同的心理学派有不同的回答。

以桑代克·赫尔为代表的刺激反应理论认为，学习是S－R(刺激—反应)的结合。以苛勒·考夫卡为代表的格式塔理论认为，学习是个体对情境的理解，是对零碎知觉信息的再组织过程。以托尔曼·布鲁纳为代表的认知理论认为，学习是对环境中的刺激，依其关系形成的一种新的认知结构的过程，是意义的获得和实现期望的过程。日本学者松井三雄则认为，学习是一种为了适应新环境和提高适应水平，依据先前的经验改变行动形态的过程。

近年来，随着对学习心理研究的不断深入，人们比较倾向于接受这样的学习定义："学习是由经验引起的比较持久的行为变化。"而所谓的行为，除了能观察到的外部活动，如表情、动作和言语外，还包括潜在的内部活动，如思维、能力、个性倾向等。这个定义尽管引起了人们的重视，但至今还远未被人们普遍接受。不过，如果我们对这个定义仔细地进行分析，也许有助于理解什么是学习。

第一，学习被标志为行为的变化。换句话说，学习的结果必定被转换成可观察的行为，在学习之后，学生就能够做一些在学习之前所不会和不懂的事情。例如，给学生先做预测，然后提供某种训练，接着立即进行后测。预测与后测之差反映了行为的变化，这种变化才是学习的标志。

第二，这种行为变化是相对持久的。学习与训练并不是引起个体行为变化的唯一因素，还有许多因素也可以使个体行为发生变化，如生长、成熟、适应、疲劳、疾病和药物等引起的行为变化，就不能认为是学习的结果。所以，只有在控制了除训练因素以外的其他因素的影响之后所产生的变化，才是学习，才具有相对持久的特征。

第三，某些行为变化具有潜在性。经验告诉我们：成功＝能力＋机会。意思是说，具备某方面的知识和能力，还需要有机遇、有条件施展，否则，外人不易察觉，自己也难以成功。例如，练武之人，不会随时显示自己的功夫，但不显露并不等于他没有武功。一匹千里马若没有伯乐式的人来赏识和起用，它也许永远只能是一匹普通的马。

第四，这种行为变化是经验或练习的结果。这一点的用意在于强调后天经验或练习对学习的作用，排除由基因制约的生长和成熟对学习的影响。

第五，经验或练习必须加以强化。根据巴甫洛夫的反射理论，强化是建立条件反射的重要条件。一般来说，学习只有在反应(行为、操作) 会导致奖励(正强化)的情况下，才会产生和持久。

现代学习理论认为，影响学生学习的因素不仅指智力因素，还包括非智力因素，而且非智力因素如动机、需要、兴趣、情感、态度等在学习中的作用甚至超过智力因素，其根本意义在于它的动力作用，所以在体育学习中应把体育兴趣的培养放在首位。

3．终身体育要求

运动兴趣是实施终身体育的基础，并对终身体育的实施具有巨大作用。兴趣在人的生活中起重大作用，它是获得知识，开阔眼界，丰富心理生活的巨大动力。运动兴趣是实施终身体育的基础，前者对后者具有准备性作用。幼儿及童年时期，对某种事物的兴趣可以转化为将来从事某种专业学习和研究的兴趣。同样，运动兴趣的形成也可以对今后终身主动参加体育运动起准备作用。运动兴趣对正在进行学习的体育知识、技术和技能起推动作用，人们对于感兴趣的活动可以持久而集中地注意，从而保持清晰的感知、周密的思考、牢固的记忆。也就是说，一旦对体育运动产生了兴趣，即使在当前或今后遇到困难，人们也会努力去克服，同时会产生愉快的情感体验，以致终身都能够积极主动地坚持体育锻炼，从而使得精力充沛、身心愉悦，乃至终身受益。运动兴趣对终身体育的实施具有促进性作用，运动兴趣可以使人在不断进行体育锻炼和接受体育教学的过程中开阔眼界，丰富自我，促进创造性运动能力的发展，在积极主动地进行体育运动时能达到自我锻炼、自我监督、自我评价、自我实现、自我发展的效果，从而能进一步从参加体育锻炼中，更大、更快、更好、更久地获益。

4．运动兴趣

运动兴趣是与社会需要和人们自身的需要密切相关的，并且是在其基础上形成的。

运动兴趣是与社会需要和人们自身的需要有密切关系的，它是在社会和自身需要的基础上产生和发展起来的。只有人们对体育运动产生了需要，人们才会对体育产生兴趣。

(三) 贯彻兴趣性原则的要求

1．激发学生的直接、间接体育需要，需要是兴趣产生的基础

当学生对某种体育活动(项目)感到有学习或参与的需要时，就会发生某种兴趣。学生的直接体育需要是指学生直接对某项体育活动的自身价值(如趣味、娱乐、竞技、健身、健美等)所产生的一种渴求趋势，即因某种体育活动本身的吸引力而想探究(学习)或参与的一种愿望(需要)。学生一旦有了这种体育需要，就会对其所渴求学习或参与的体育活动产生极其浓厚的学习与参与兴趣，表现出极大的学习与参与热情和意志努力。间接体育需要方面，目前人们主要通过让学生充分认识体育锻炼对健康、文化学习、升学、就业等方面的必要性，使学生感到参加体育锻炼的必要。这也是激发学生体育需要的有效方法之一。因此，在体育教学中，是否能充分满足学生的直接、间接体育需要，直接影响着学生体育兴趣的激发与培养。

2．根据学生兴趣安排教学

教师应广泛了解学生的兴趣，并在此基础上针对个体的不同兴趣来选择和安排多样化的教学。由于长时间、单调的刺激容易引起超限抑制，单调、枯燥的练习容易使学生感到厌倦和乏味，教学手段的多样化对于提高学生的体育学习兴趣具有十分重要的作用，因此，通过灵活变换教法手段和练习形式来激发学生的体育学习兴趣，也是目前采用较多的方法之一。使教材内容丰富多样，以便尽可能满足学生不同兴趣，进而培养学生的体育兴趣，是近年来体育课教学中培养体育兴趣的又一做法。笔者对惠州市男女生对各运动项目的兴趣选择进行了排序统计。在男女感兴趣的排名前 10 位的体育项目中，双方都感兴趣的有篮球、乒乓球、羽毛球、游泳和攀岩。男生感兴趣的有足球、台球、散打、武术、围棋。女生感兴趣的有排球、健美操、体育舞蹈、柔道、滑旱冰。

第四章　体育教学过程与控制

第一节　体育教学过程与控制问题概述

一、体育教学过程的基本特性

特征就是一个事物特有的矛盾。教学过程的特征是体育教学过程本质的具体体现，研究体育教学过程的特征，有利于加深对体育教学过程本质的理解，并可为揭示体育教学过程规律提供依据。一般认为，体育教学过程具有以下特点：

(一) 运动实践性

体育教学过程是教师指导学生进行运动实践活动的过程，运动实践性就成为体育教学过程的一个重要特点，具体表现在：①实践目的具有特殊性，即为了使学生掌握体育知识、技术技能，培养运动能力；②实践环境具有特殊性，即在富有开放性的特定环境中，在教师的组织指导下，根据体育教学目标的要求而有计划、有步骤地进行的；③实践方式具有特殊性，即体育教学过程总是与学生的身体活动相伴随，通过感知、模仿、练习促进学生身心和谐发展。

(二) 社会交往性

体育教学过程是教师的教和学生的学双边活动的过程，学生要从事各种身体练习和活动，既需要教师的指导、帮助，又需要学生之间的相互合作、相互帮助、相互评价，客观上要求进行多方面的交往。如果说在其他学科的教学中主要是师生交往，那么在体育教学过程中学生之间的交往则占有相当重要的地位。因此，曾把体育教学过程中的人际关系称为“课堂小社会”，即社会的浓缩体。体育教学过程中的人际关系、交往是社会性和生活性的体现，交往可以分为教师与学生、学生与学生、学生与集体等方面的交往，在这个交往的基础上，体育教学才得以展开。

(三) 过程动态性

体育教学过程在其动力机制的作用下维持着自身的发展，它是一个从教学目标为起点到教学评价为终点的过程。在体育教学过程中，其动态性表现在两个方面：一方面，组成体育教学过程的因素是相互联系、相互作用的，并不是由一系列有时间顺序的、相互区别的、固定不变的教学阶段组成的，而是处于一种不断变化、有规律可循的运动过程；另一方面，体育教学内容主要是以经过选择的身体练习为主的，教学过程是以运动实践为主促进学生身心发展的过程。所以，在体育教学过程中，要以动态发展的观点来分析和解决教学中出现的问题。

(四) 组织复杂性

体育教学是与学生的身心发展的基础水平直接联系的，而学生的身心发展的基础水平又客观地存在着个别差异，在体育教学过程中不仅要考虑男女学生性别上的差异，还要考虑不同学生的个体差异，采取不同的组织形式和方法区别对待，以适应和满足学生的需要。在体育教学过程中，学生多处在不断变化、多种形式的运动中，加之教学易受气候和周围环境的干扰，因而教学中的组织管理工作相当复杂，要精心设计、认真组织，组织形式、教学步骤、教学手段具有较多的应变性。从某种意义上说，良好的教学组织工作与措施是达到体育教学目标的根本保证。

(五) 运动负荷适宜性

在体育教学过程中，由于学生从事各种身体练习，身体各器官系统(尤其是神经系统、运动系统、心血管系统、呼吸系统等)积极参与活动，提高有机体的机能活动能力。所以，学生身体要承受适宜的生理负荷，并因此产生身体的疲劳，加速机体的新陈代谢活动。这一点也正是学生在体育教学中能促进身体发展，增进健康的生物学依据，即只有使机体适应一定的生理、心理负荷的刺激过程，不断地经过适度的超量负荷锻炼，才能有效地发展身体，由此带来体育教学过程中运动负荷的理论与实践问题。

二、体育教学过程中的基本矛盾

体育教学过程中的基本矛盾是由体育教学过程中的基本因素之间的相互联系、相互作用所决定的。体育教学过程中的四个基本因素之间的作用构成了体育教学过程中的六对基本矛盾：第一，体育教师与学生之间的矛盾；第二，体育教师与体育教学内容之间的矛盾；第三，体育教师与体育教学手段及教学条件之间的矛盾；第四，学生与体育教学内容之间的矛盾；第五，学生与体育教学手段及教学条件之间的矛盾；第六，体育教学内容与体育教学手段及教学条件之间的矛盾。

在上述六对基本矛盾中，体育教师与学生的矛盾和体育教师与体育教学内容之间的矛盾是体育教学过程中两对最主要的矛盾。首先，在体育教学过程中，体育教师和学生是两个最活跃的因素，“主导”作用和“主体”地位是相互作用的，缺乏任何一个因素的作用，都不可能达到体育教学过程的目的，也不可能使体育教学活动成为一种真正的“双边”活动。其次，另外四对矛盾实际上都是由体育教师与体育教学内容之间的矛盾所决定的。一方面，体育教师与体育教学手段及教学条件之间的矛盾以及教学内容与体育教学手段及教学条件之间的矛盾实质上是体育教师如何处理体育教学内容的问题，也就是说体育教师如何利用现有的体育教学条件来选择体育教学手段，安排体育教学内容；另一方面，学生与体育教学内容之间的矛盾和学生与体育教学手段及教学条件之间的矛盾也是由体育教师与体育教学内容之间的矛盾引起的，因为体育教师的根本任务就是通过钻研体育教学内容来选择合理有效的教法步骤和手段，从而解决学生与体育教学内容的“知”与“不知”的矛盾。从以上可以看到，虽然在体育教学过程中有诸多的矛盾存在，但几对基本矛盾之间是相互影响的，只要抓住了主要矛盾，其他矛盾便可迎刃而解。既然体育教学过程由四个基本因素和六对基本矛盾构成，那么，认真研究它们各自的发展变化，尤其是研究六对基本矛盾发展变化的规律，不断提高四个因素的自身水平便成了提高体育教学质量的关键。

三、体育教学过程的控制

一般来说，过程是指事物发生、发展和终结的历程，它是在一定时空中进行的，表现出一定的程序和环节，反映出事物发展的客观规律。体育教学过程控制的基本环节是指体育教学控制过程的运行程序，它是以体育教学目标为中心的计划、实施、检查、总结的周而复始、循环往复的过程。

(一) 计划——体育教学过程控制的起始环节

体育教学过程控制的计划是在进行教学活动之前对从事教学活动的结果、过程所进行的设计和安排。它一经制定，就成为师生控制活动的纲领与实施教学活动的依据、检查和总结教学质量的标准。

学校体育教学工作计划是根据国家规定的体育教学大纲和教材，结合本校实际而编制的体育教学实施方案。它包括学年体育教学工作计划、学期体育教学工作计划、体育教学单元计划、体育教学课时计划等。

(1) 学年体育教学工作计划是根据体育教学大纲，结合学校实际情况和学生特点而制定的体育教学文件之一。它是制定学期体育教学工作计划、体育教学单元计划、体育教学课时计划的依据。主要任务是将体育教学大纲规定的各类教材内容和课时数，合理地分配到上、下两个学期中去，并安排各学期的考核项目和标准。

(2) 学期体育教学工作计划是根据学年体育教学工作计划所编制的上、下学期体育教学文件之一，它是制定体育教学单元计划、体育教学课时计划的直接依据。

(3) 体育教学单元计划是根据学期教学工作计划所编制的分项体育教学文件之一，它是体育教师制定体育教学课时计划的直接依据，也是学期体育教学工作计划的辅助计划及其具体化。它是将学期教学工作计划规定的主要教材内容，根据其在本学期的教学次数，按次序制定出教学内容和要求。

(4) 体育教学课时计划亦称体育课教案，它根据学期体育教学工作计划和体育教学单元计划，结合教学实际，以课时为单位编写的教学方案。它是对体育教师上课的最基本要求，也是上好一堂体育课的重要保证。体育课教案编写的基本要求是课堂任务要明确；教学要求要具体可行；教材选择要符合实际；教学要突出重点，课的组织要严密，教法要科学、多样，运动负荷要恰当，思想教育、安全措施要落实，场地布置要合理，文字要简练清楚。在教案的最后部分对练习密度、心率曲线、动作教学效果要有预计，并在课后及时将本课的教学情况进行小结。

上述四种体育教学工作计划是一个整体，并表现出明显的层次。体育教师在制定上述计划时要符合体育教学规律与学生的认识规律，并要求有相对的稳定性。

(二) 实施——体育教学过程控制的中心环节

在体育教学过程控制中，实施是指控制者按体育教学工作计划，组织所属成员，主要是教师和学生，按计划规定的任务、内容与时限和有关质量工作标准开展教学活动，落实体育教学目标。在体育教学过程控制中，实施是工作量最大、投入时间和力量最多、涉及面最广，直接产生控制成果和育人成果的环节。因此，要建立实施计划的运行机制，首先领导要深入基层，做好指导工作。其次，做好协调工作，围绕提高教学质量问题，做到控制目标明确、认识统一、步调统一、指挥统一；协调各部门之间的矛盾和失衡现象，做到上、下、左、右团结一致、相互支持，使教书育人、控制育人、服务育人形成“三育人”的整体效应。最后，做好教育和激励工作，要加强体育教师的思想政治工作，坚持尊重、理解、关心相结合的原则，既要注意物质激励，也要注意精神激励，使教师体会到自己工作的价值和创造能力，形成搞好教书育人的内在动力；要帮助教师提高教学能力，拓宽教改思路，发挥体育教师集体提高教学质量的整体效应。总之，指导、协调、教育和激励几个方面是互相配合、互相联系、交叉进行的有机整体，它们构成了体育教学过程控制的中心环节。

(三) 检查——体育教学过程控制的中介环节

在体育教学过程控制中，检查是控制者掌握实施的情况，促进计划落实，实现体育教学目标的一种手段。检查是以计划、体育教学大纲和教材为依据，对实施活动进行查对并对教学进行评估。

体育教学过程控制的检查方式有很多，以时间为标准可划分为经常性检查和定期检查；按内容标准可分为专题检查和全面检查；以检查者为标准可分为领导检查、自查和互查；以实施检查的方式又可分查阅式、观察式、参与式、测验式与询问式多种。上述方式在实施中往往是配合使用的，但检查不能频繁进行，也不要把各类检查都集中在同一时间内进行，否则会打乱正常的教学秩序，影响教学工作。要使检查有效，还需遵循以下原则：①检查要有客观标准，一般以体育教学计划为标准进行，切忌随意另立标准；②检查要客观公正、实事求是，重事实、重数据，获取足够的信息，取得全面准确的材料；③检查要依据群众，在领导、师生共同参与下论证结果，分析原因、制定措施，这样既有利于监督考核，又有利于协调控制；④检查与评估相结合，依据体育教学目标，运用科学手段，对体育教学过程中的各种因素做出科学判定，使体育教学质量具有科学性、选择性和指导性。

(四) 总结——体育教学过程控制的终结环节

总结是通过各种检查方式将获得的有关信息进行整理、分析和概括，并做出评价和结论的过程。通过总结，可以发挥优势、克服缺点、增强信心、明确方向，促进教学质量进一步提高。总结是前一个质量控制周期的终结，又是下一个质量控制周期准备工作的开始，是对一个周期的规律性的认识，可以指导后一个阶段的质量控制工作。

体育教学过程控制的总结可分为专题总结与全面总结、阶段性总结与期末或年终总结。其方法有自上而下、自下而上、上下结合等方式。做好总结的基本要求是①要有正确的指导思想，以教育方针和学校的教育目标为指导，树立正确的教学质量观，这样才能实事求是地分析和研究问题，正确总结经验教训；②以学校体育教学计划为依据，对照进行分析，对体育教师的教学质量与学生的学习成果如实地进行评价和科学地总结；③要在大量与可靠的教学工作信息基础上进行分析与归纳、概括；④要有代表性的质量数据与典型材料，加以数理统计后的数据可以从定量的角度说明教学质量，有代表性的典型事例可以从定性的角度说明教学质量，只有定量和定性相结合，才能辩证地体现体育教学质量。总结之后，要写成书面总结材料，交上级审核并存档。

第二节 体育教学的过程和结构分析

对教学过程问题的认识，国内外有许多种观点。从系统论的观点来看，教学过程不能仅仅理解为一种由一系列有时间顺序的、相互联系又相互区别的一些教学阶段组成的过程，也不是一种从教到学的过程，而是一个教学系统整体性的运动状态的变化，在这个变化中，教学过程的各个要素和各种因素相互联系、相互作用。在各种联系和作用中，每一个要素和每一种因素的变化都可能引起教学过程中的其他因素和要素的变化。所以，从这个角度来看，教学过程就是那些引起教学活动系统状态变化的诸因素和要素之间的相互联系、相互作用的过程，是教学系统整体的运动状态。

一、体育教学过程结构分析

教学过程是一个多层次、多因素的复杂系统。有人将教学过程划分为四个层次：从学生进入小学到大学毕业或受完一定阶段的教育为止，是一个总的教学过程(第一教学过程)；一门课程从开始到结束的教学是一个教学过程(第二教学过程)；一门课中的一章或一个单元的教学是一个教学过程(第三教学过程)；一个知识点或一堂课的教学是一个教学过程(第四教学过程)。在教学过程的每一层次中都包含有相同的要素，这些要素的整合就构成了完整的、统一的教学过程。国内外教学论专家对教学过程结构所包含的要素的理解各不相同，对于教学过程的基本要素的提法也有差异。

二、体育教学过程的要素

以系统论的整体性观点来看体育教学过程，必须将其看作一个在时间和空间上完整的系统。其所包含的要素有很多，但归纳起来，可以依据对前面四要素的理解，也综合其他的相关理论，得出体育教学过程的基本要素主要包括教师、学生、体育教学内容和体育教学手段这四个方面。

(一) 学生

现代教学理论的基本观点认为，学生是任何学科教学过程中的第一要素，是教学的核心。因此，学校的一切教学都要为学生而组织进行。没有学生就没有教学活动，没有教学活动也就没有学校。所以，在体育教学中学生是学习的主体，是第一要素，也是根本性要素。学生是教育的对象，是教学信息的接受者。学校教育目标、全部教学设计均指向学生、落实在学生身上。在强调自我教育、自我完善、自我发展、积极参与、公平竞争、团结协作的公民意识作用下，学生应该而且必须成为学习过程中的主体。这是因为学习过程中的认知、体验、运用以及健身、健心的活动，除学生自身外谁也无法代替其体验。但学生又是被管理者，只有当他们主动参与教学过程，在智力、非智力和体力上全面投入，积极协同配合并充分发挥其主动性、积极性和创造性，才能取得最佳教学效果。

(二) 体育教师

体育教师在体育教学中起主导作用，既是设计者，也是实施者，在整个教学过程中起组织、引导，解答疑难，帮助学生完成学习目标的重要作用。作为现代体育教师，其思想素质、业务素质、敬业精神和创新意识等，对提高体育教学质量非常重要。

(三) 体育教学内容

体育教学要实现一定的教学目标，必须以体育教学内容为中介。它以体育与卫生保健相结合的体系建造，包含了向学生传授的知识和技能，灌输的思想和观念培养的行为和习惯，集中反映了学校教育目标的基本要求和价值标准。教材既是传递的信息又是教学过程中的主要目标和成果，是可预期达到的，也是实际的。因而，教材的建设与贯彻对学生的现在和未来发展有着深刻而长远的影响。没有教学内容，学生的学习目标的实现必然落空。所以，体育教学内容也是体育教学过程中最实质性的要素。它是由体育知识、技术技能、体育的实践能力、思想、情感和意识等内容组成的体系，同时包括目标、评价等相关的内容。

(四) 体育教学手段

体育教学有其特殊性，同其他学科的教学不同，不仅包括场地、器材等物资设备和技术手段及相关的运动环境等硬件设施，还包括教学组织、教学方法等软件设施。这些从整体上构成了体育教学手段系统。

三、体育教学过程的实施

(一) 体育教学过程的环节

体育教学过程的环节如图 4-1 所示。

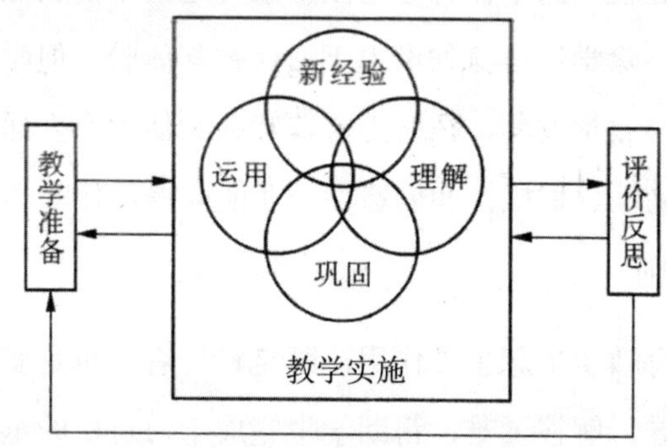

图 4-1　体育教学过程的环节

1. 教学准备

教学前的准备发生在实际展开教学活动之前，它包括明确教学的目的和目标，教学材料处理、教学方法策略的选择以及教学设计方案的编写等。教师要在掌握教学任务的基础上把教学目的具体化，并设法通过问题情境等形式引发学习者的学习兴趣，使他们产生探究、理解新知识的需要。学习者的任务则是明确自己的学习目的，为学习活动做好物质和心理上的准备。

2. 教学实施

教学的实施就是教学活动的展开过程。师生围绕着要达到的教学目标展开实际的交互活动。这是教学过程中最复杂、最关键的环节，其中要进行多种相互交织的活动。

感受新经验：使学生通过对新事物、新现象的感知形成正确的表象和概念，这可以通过观察、实验和实际操作等进行直接感知，也可以借助有关事物的语言表述等进行间接感知，并逐步由直观到概括。

理解：教师要努力帮助学习者将新经验与原有知识经验联系起来，并对新经验进行分析与综合、抽象与概括，弄清事物的结构、特性与功能等。这一环节是一个持续的深化过程，而不是一蹴而就的，要逐步提高理解的丰富性、灵活性和深刻性，其中贯穿着学习者积极的思维活动。这是整个教学过程中的中心环节。

巩固：促进学生对新知识的保持和熟练化，其中包括对知识的复述以及对技能的操练等。

运用(解决问题)：对新知识、新技能等进行综合或转化，应用到新的问题情境中，从而促进知识技能向能力的转化。

这四种活动过程往往是交织进行的，而且可能有不同的先后顺序和不同的组合方式。比如，学生可能从对新经验的感知开始，逐步获得新理解、巩固新知识、应用新知识，也可能在学习的一开始就是一个需要解决的实际问题，在调动、运用原有知识经验解决该问题的过程中，学习者会寻找有关的新信息，进行各种推理活动，逐步建构起新的知识。

3. 评价反思

教师要随时评价学生对新知识、新技能的掌握情况，从而判断教学目标的达成情况，需要采取何种调整或补救措施等，学生也需要对自己的学习情况进行自我监控。另外，教师和学生都需要对自己的教——学活动进行反思，看自己在这一过程中是怎样做的，效果如何，为什么自己要这样做，有没有更好的方法或策略，等等。这种评价反思活动对有效教学来说具有非常重要的意义，同时对于教师的教学能力以及学生的学习能力的发展来说也是非常关键的。评价反思是教学中一个相对独立的环节，也是贯穿在整个教学过程中的。

(二) 体育教学过程的组织

由于体育课大多在室外进行，组织教学的目的就是要排除各种干扰，激发学生兴趣，从而完成教学任务。只有合理而周密地组织教学，才可能使学生在心理和物质上做好充分准备，从而保证体育教学过程的顺利进行。因此，组织好教学是上好体育课的关键。

在教学过程中，教师、学生、教材三者通过复杂的相互作用使教学成为一个统一的动态过程，在这一过程中，教师采取一定的组织教学形式来完成一定的教学任务，从而实现教师的“教”和学生的“学”的目的。然而，教无定法，任何教学方法和组织形式都是根据一定的教学内容和教学对象而变化的。

第三节　体育教学课堂的科学管理

体育教学的中心环节是课堂教学，要提高教学的质量，就必须优化教学过程。每个体育教师在上课时都会有一些收获或不足，无论多么成功的教学课，总是存在可改进的地方，为使其臻于完满，就需要优化体育教学过程。

一、建立课堂常规

体育与健康课堂教学常规是为了保证体育教学工作的正常进行对师生的教与学提出的一系列基本要求，是学校体育教学管理的一项工作。规范体育与健康课堂常规，不仅有助于建立正常的教学秩序，严密课的组织，而且对加强学生的思想品德教育，促进学生身、心的健康发展都有着十分重要的作用。

（一）课前常规

1．教师课前的常规

教师课前的准备：认真备课，写好教案。备课时，在单元教学计划的基础上，要备学习目标，教材重点、难点，教学实施的过程，教学对象，场地器材和教学方法。体育教师要备好周前课，并编写好周前课教案。

了解学生的课前情况：教师要及时了解所上体育课班级的学生情况，主动与体育委员约定，由体育委员向教师及时通知。

场地、器械的准备和清洁卫生工作：体育教师应组织指导学生或亲自动手，及时布置和检查场地，准备教具，为学生的积极参与奠定基础，一切准备工作应在课前准备就绪。

教师服装的准备：体育教师要穿运动服、运动鞋，不要穿西服、牛仔裤、大衣、皮鞋、高跟鞋、塑料鞋等有碍于运动的服装。

2．学生课前的常规

学生课前的各种情况：学生因病、伤，女生因例假不能正常上课，课前由体育委员或学生自己主动地向教师说明，教师应根据不同情况，分别妥善安排。

学生服装的准备：学生除了要穿运动服、运动鞋，不准穿西服、牛仔裤、大衣、皮鞋、高跟鞋、塑料鞋等有碍于运动的服装外，还要注意安全，衣袋里不得装有有碍活动和可能导致身体受伤的物品，如剪刀、小刀、钥匙、笔等硬质物品。

3．师生共同准备

教师和学生在检查和整理好自己的服装仪表后，应提前几分钟到达规定的集合地点，等候上课。

(二) 课中常规

1．教师课中的常规

教师待体育委员报告后，向学生宣布这节课的教学目标、内容要求等教学程序。并指出这节课易出现的安全问题，然后逐步按计划进入教学状态。

教师按教案进行教学，无特殊情况不得随意更改；关心爱护所有学生，循循善诱，对学生进行适时鼓励，与学生共同营造愉悦的教学氛围。

注意安全卫生，检查见习生执行规定的目标、要求等情况，以求面向全体学生。

课结束时，进行小结和讲评，让学生及时知道自己课中的表现，提出课后学习的要求，阐述下节课的内容，布置学生课后归还器械和进行场地整理工作，有始有终地结束一堂课。

2．学生课中的常规

学生准时到指定地点集合上课。上课铃响后，体育委员进行整队，向教师报告班级情况。

学生上课时，要专心听讲，仔细观看教师动作示范，聆听教师的启发引导，并积极思考，分析理解动作要领，有疑难问题及时提出，有机地把大脑思维与动作练习结合起来。

学生须自觉遵守课堂纪律，爱护场地、器械。在教师的引导下，与教师共同学习，努力完成课程的各项目标。

课结束时，学生进行自我评价和对他人评价，并协助体育教师归还器械及进行场地整理工作。

(三) 课后常规

教师每次课后，应做好书面教学总结，如总结经验教训，提出改进措施等。见习期内的新教师，必须做好每次课的书面教学总结。教师要检查学生课后归还器材等工作的执行情况，以保证下节课教学的正常进行。对缺课的学生，要做好书面考勤记录，并进一步调查清楚，必要时给予补课或课外辅导。

二、合作学习小组的管理

(一) 自主结合

在体育教学中，许多练习内容可以让学生自主结合成为练习伙伴，由于平时的相处有较深的了解，感情融洽，在体育技能的练习中，他们会合作得很好，互为指导者，互相切磋技艺，取长补短，彼此都能为对方较准确地完成动作而由衷地喝彩。自主结合在形式上虽与传统的分组教学相似，但在组成原则、方法和指导思想上完全不同，它突出了学生性格的相似性、交流的接近性、帮助的互补性，使学生的学习目标得到整合，志趣相投、心理相容、智能互补，社会交往动机得到较好的满足。有时候当一方遇到困难时，另一方会真诚地鼓励其增强完成动作的信心。

例如，在学习山羊分腿腾越动作时，当同伴的一方顺利完成动作，另一方会感到兴奋和鼓舞，这无疑会增强其完成动作的信心和勇气；当一方由于有恐惧心理，不敢做分腿腾越动作时，同伴鼓励说：“不要怕，勇敢点，我来保护你。”在同伴的鼓励、保护、指导下，再加上教师适时地“点拨”，尽管练习时还有惧怕心理，出于对老师和同伴的信任，他(她)们最终还是能勇敢地完成分腿腾越山羊的动作。

在课堂练习中，我们经常会看到：当自己的同伴克服困难成功地完成动作时，指导者会高兴得手舞足蹈，他(她)会情不自禁地欢呼起来或鼓起掌来，用这种方式表达内心的喜悦和对同伴的祝贺。同伴的成功也会激发指导者在练习中更努力地动脑、动体，更加完善准确地完成所要练习的动作。被指导者也会暗下决心：下一次一定要做得更好，争取赶上和超过指导者。我们不难看出：这种自主结合的同伴指导，是合作学习通过教而促进学的过程，这体现了学习和指导的互动性，学生可以更深刻地体验体育课上成功的快乐和喜悦，培养了勇敢、顽强团结互助和关爱他人的优良品质，也使竞争意识得到了强化。

(二) 自主学习

体育教学过程是学生自主学习能力发展的过程，教师应以学生认识问题和解决问题的能力为出发点，培养学生的思考能力、观察能力和实践能力；在情境创设中，不断启发学生思维，找到发挥学生自主性的“引子”，改“管理约束性”的教学为“启发、宽容、帮助性”的教学。例如，在学习弯道跑技术时，老师可以按照合作学习小组的形式，先让学生在弯道上练习跑几次，通过学生在弯道上跑的初步感知，教师提出问题：弯道跑与直道跑的感受有什么不同？跑时的技术特点有什么不同？让各合作学习小组进行小组讨论，然后让学生回答弯道跑的技术要点是什么，最后由教师进行简要总结，亮出动作要领：“两臂的摆动方法、摆动幅度不同，左臂摆动幅度小，右臂摆动幅度大；两脚前脚掌的着地点及蹬地用力不同，用左脚掌外侧脚掌着地，用右脚掌内侧脚掌着地后蹬地。”这时出示准备好的左右脚掌图示，再通过观看老师弯道跑的示范动作，就能使学生对所学内容有更加深刻的认识和理解。各个合作学习小组在分组练习时，老师要“放手”让学生自主学练，自觉参与教学的全过程，这样学生学会和掌握技术的成功率就会很高。

(三) 自由选择练习手段

学生之间存在着身体素质差异、生理差异、个性爱好差异及学习目的态度和方法上的差异等。教师在教学时，要根据教材内容有针对性地提出多种练习手段，由各合作学习小组群体讨论，对于本小组学生喜欢的、新颖的练习，可以多选多练；学生不喜欢的练习，可以少选、少练或不选、不练，达到学生自己选择练习手段的目的。例如，在学习前滚翻双腿交叉转体 180° 的动作时，将学生分成若干个合作学习小组。教师重点强调：双脚交叉后，哪一只脚在后面，就从哪一侧向后转，即能完成动作。在教学实际中，教师可先后集合小组长多次，让小组长简要反映学习情况，教师再提出不同的新要求，各组间展开前滚翻双腿交叉转体 180° 动作比赛。合作学习小组同学轮流承担裁判员，小组间展开学习上的比赛。在这种合作学习的练习中，学生会意识到个人得失与组内其他人员之间的得失是息息相关的，就会自觉地格外注意与他人合作，互助友爱，共同提高。通过合作学习，互相督促，增进了组内人员的凝聚力，形成了小组间的无形的竞争意识。教师还应不失时机地鼓励学生，以便实现“导”与“学”的多向联合，促使全体学生共同进步。

(四) 自由支配练习时间和练习次数

这指的是在教师指导下的自由支配练习时间和练习次数。在体育教学过程中，课内练习时间和练习次数不要管得过死，教师在教学中应把握抓大放小的原则，教材中一些基本的东西由老师把握，一些小的环节可以让学生自己去尝试。例如，准备活动，徒手操由体育委员或学生轮流担任领操员，教师提示练习时间和次数，领操员按要求一边呼口令一边领操；根据天气的冷暖情况或教材的需要，教师提示练习内容，让学生按合作学习小组自己去安排练习；放松活动、小游戏活动也可如此。通过合作学习，让学生获得自主练习的时间和空间，这样既培养了学生的操作能力，又让学生体验了时间的价值观。

(五) 自由交往

在合作学习中，受社会交往动机驱使，学生相互之间会不断交往，对此老师应给予鼓励和引导。通过学生之间的相互交往，可以规范学生的行为，缩短心理距离，增强合作学习小组的凝聚力。现在的学生独生子女较多，由于他们在家庭中的特殊地位，养成了唯“我”独尊、以“我”为中心的毛病，习惯于用放大镜看别人的缺点，视自己的优点，在外不会主动地、正确地与人合作，久而久之，他们在社会大环境中就会遭受挫折，甚至会成为孤独的人，在困难面前往往不堪一击。苏联著名教育家马卡连柯说过："只有一个人长时间地参加了有合理组织的、有纪律的、坚忍不拔的和有自豪感的那种集体活动的时候，性格才能培养起来。"也就是说，合作学习的过程，能培养学生良好的性格，促使学生心理健康发展。因此，教师要在教学设计上，结合教材，增设自由交往的一些学习环节，来加强课堂上师生间、生生间进行多向交流的机会，把自由交往合作学习看作完成教学目标的手段和目的。

例如，在教授"后滚翻"动作时，教师可以先向学生提出一个问题："你是怎样完成前滚翻的？"让学生回顾做前滚翻动作的过程："低头、含胸、团身；蹬地后，颈、背、臀依次着垫。"再提示学生后滚翻就是前滚翻动作的反方向运动，要求学生按照合作学习小组形式，商量前滚翻的反方向运动该怎么做，然后，让学生自己在合作学习小组里，有秩序地轮流做后滚翻的练习，自觉地承担相互帮助和评价的任务，以增强学生自由交往的能力和协作精神。教师一边巡视指导，一边参与到合作学习小组的练习中去，使师生间、生生间的交往更加密切。

三、体育教学中的沟通技巧

（一）情感沟通

师生良好的情绪状态对课堂教学具有促进作用，而不良情绪则对课堂教学有极大的破坏作用。新课标所营造的和谐、平等与互动的育人环境有利于产生积极的正向情感，符合师生双方沟通的意向。

1．积极的意愿与教师个人的态度调适

师生沟通必须双方都有积极的意愿。而处于教学主导地位的教师的个人态度的调适，对双方沟通起着主要作用，其沟通技巧具体体现在三个方面：①保持好的心情。体育教师工作复杂而劳累，有时甚至因为个人的状况而难以掌控自己的情绪，在盛怒或烦躁之下，极易发生冲突。事实上，拥有一个好心情走进课堂，常常会从中找到自己和学生的可取之处；试着每天提醒自己带着好心情来到学

校．相信和谐、融洽、轻松的师生关系会感染大家，学生对体育运动会更加喜爱。②给予爱与关怀。身为教师，我们通常能够很大方地给运动素质好、表现优异的学生积极的爱、支持与鼓励；对运动素质较差及令人头痛的学生常常挑剔和指责；对于表现平平的学生则把他们放在无须多加照顾的地域。事实上，被爱与被关怀是每个人最基本的需求，对每个学生来说，他们都希望得到正向的爱与关怀。③保持弹性，创造幽默。师生相处需要一些润滑剂，坚持立场容易让双方关系卡住，此时教师如能加入一些幽默的言语，则可缓解紧张的气氛，增进师生关系。

2．对话与理解

新课标确立的以教师为主导、以学生为主体的平等、合作式的新型师生关系，强调的是教师与学生之间不能是教训与被教训、灌输与被灌输、征服与被征服的关系，而应是平等的、对话式的、充满爱心的双向交流关系。通过这个对话的过程，教师和学生要达到一种主体间的双向理解，教师不再是凌驾于学生之上的唯一权威，师生双方都是主体，双方一起探究世界、探究知识。

3．与学生建立和谐的关系

良好的互动关系基础不应只是建立在正式的课堂教学中，虽说技能学习是体育教学的重要目的，但绝不是唯一目的。教师可以影响学生一辈子，但前提是教师与学生建立了良好的关系，且互动是以学生的感觉为基础的，否则对学生的影响力就很有限。例如，教师往往喜欢那些运动成绩好的学生，或对自己教学有帮助的学生；学生往往佩服示范动作优美、语言风趣或在某方面吸引自己的教师。因此，和谐关系所代表的意义，即学生信任、尊重教师，教师同样热爱学生。学生积极与教师合作，努力完成教师为他们所设定的教学目标，教学活动会更加有趣。

（二）信息沟通

体育教学中的信息沟通是师生双方信息的交流和贯通。沟通的内容主要是课堂教学中关于教学、学习及其他与体育活动有关的信息。新课标实施的目的是体现“以人的发展为本”的课程改革理念，它提供了师生共同发展的平台，在师生平等相待的情境中，师生共同面对的不仅仅是知识和教材，而是更为广泛的现实生活。因此，在师生双方对教学内容、体育知识、协作精神、行为观念及其他方面存在认知上的差异、误区时，需要进行信息沟通。

1．传送与接收信息的技巧

有效的沟通存在于聆听后能解读传送者所想要传达的信息。正确、清楚地传送信息的方法应该是①尽量使用易懂和亲善的语言及动作；②少用主观判断，适当情况下可做些让步，在许可范围内，给学生更多自我选择的空间；③试着接受学生的观点，做个细心的听众，以诚挚的态度，仔细聆听学生所提的问题，并适时地给予关怀；④对学生及教师本身的感觉反应敏锐；⑤使用有效的关注技巧，如目光接触、表情、手势等非口语行为；⑥重视自己的感觉，注意传送者的非口语提示。

2．对学生的评价要前后一致

对待学生的行为的态度是否一致是非常重要的，昨天可以接受学生的这类行为，到了今天，却因同样的行为而处罚学生，这样前后不一致的态度会给学生一个错误的信息，通常会被学生视为恶劣的行径，将会严重破坏师生间和谐的关系。因此，体育教师必须了解哪些行为是可以被学生接受的，哪些行为是要立即阻止的，然后，进一步观察学生这些行为的实际表现。

3．爱与平等

爱与平等就是要用爱心去对待每一个学生，尊重每一个学生的差异、创造性、运动能力。随着新课标的实施，教师的角色要由传统意义上的知识传授者和学生管理者转变为学生发展的促进者、帮助者，要让学生真正成为学习的主人，成为个体发展的主人。而这所有的一切必须以“爱”为前提。教师要在学生中树立威信，但这种威信不是靠外在的管制，而是源于教师的人格、学识和智慧，从而受到学生的尊敬与爱戴。

（三）意见沟通

新课标指导下的师生的交往更加频繁，在课程建设中学生有了更多的参与权。但是，由于年龄、性别、个性心理和认知及观念上的差异，师生在合作中就会存在意见分歧甚至产生冲突。当师生双方出现矛盾、进入误区时，需要进行及时的沟通。

1．正视冲突

冲突来自人际互动中，当人们的利益及观点不同时就会出现争执。冲突虽然会带来关系的威胁，但也提供了调整彼此关系的机会。新课标指导下的体育教学实践要求教师应善于观察学生的运动心境和激情状态，观察自己在与学生合作中彼此的语言(措辞)、非语言信息(包括肢体动作、音调)、情绪状态，实现顺畅的沟通。

2．尊重对方

面对冲突时，教师要提醒自己以相互尊重的态度维护彼此的尊严，不要跟学生争得面红耳赤，更不要公开指责学生，强迫学生接受自己的观点。面对冲突，需要的是一份尊重彼此差异的心情和寻找两者兼顾的方法。

四、突发事件的管理

体育课堂中出现的“突发事件”是指超越课堂教学常规的、突然发生的、需要立即处理的事件。在体育教学中，突发事件根据其结果可分为对身体有伤害性的危险事件和不具有危险性的干扰事件。很显然，前者造成的后果要比后者严重，而且前者较难控制、难处理。体育教学中较多的不稳定因素，是发生突发事件的源头。因此，对于体育课堂教学中的突发事件，重在预防。

(一) 了解天气情况

要坚持每天看天气预报，了解当天和以后几天的天气状况，根据天气特点备课，可以及时适当调整教学计划，提前准备教具，避免在大风、大雨、炎热等天气状况下上课时措手不及，给学生造成意外伤害，影响课堂学习正常进行。

(二) 了解场地器材

场地状况一般具有相对稳定性，教师必须熟悉学校的操场面积、角落特点以及操场上的下水管道口盖的安全状况，发现问题及时解决，或课前及时告诉学生存在危险的地点，以免学生因不小心而发生意外。

教师不仅要熟悉学校各种器械安放的地点、器械本身的安全状况和耗损风化程度，还要清楚各种器材使用不当时存在的危险，以及在遇到问题时应如何及时应对，这些环节在教学过程中一定要给学生讲清楚，让学生在学习、练习中具备预防意识，并学会自我保护。

（三）了解教材

对教材的熟悉就是要把握教材的特点，除了要根据课程标准制定教学任务、目标外，还要熟知教材在教学过程中潜在的障碍，在教学设计中将预防措施巧妙安排。

（四）了解学生

对不同班级的学生进行不同的教学，对同一班级的不同学生采用不同的方法，根据不同年龄、不同时期学生的身体素质、心理特点、性格特征、精神状态以及男女生兴趣爱好差异进行有针对性的教学设计，还要设身处地时时刻刻为学生考虑周全，让学生感到心情愉快、锻炼舒适，这样才可以有效地控制课堂，引导学生学习锻炼。

（五）了解自我

要充分了解自己的性格特点、运动水平、身体状况、对学生的驾驭能力，而且要了解自己的不足、缺点、弱点，根据自身条件合理备课，努力做好自己能做的事情，有所为，同时要有所不为。在教学中敢于挑战自己，善于分析自己，努力克服自身缺点，不断提高业务水平，尽量避免因教师自身的失误导致的课堂突发事件的发生；精于教学，能应用技巧妥当处理各种突发事件。

五、学生课堂问题行为的管理

课堂问题行为是指课堂中发生的违反课堂规则、妨碍并干扰课堂活动的正常进行或影响教学及活动效率的行为。它具有普遍性，甚至一些优秀生也会有问题行为，只是他们的数量、发生的频率和程度轻重和问题学生不同而已。它还具有判断的主观性，在现实的课堂教学中，教师对课堂问题行为的判断标准也不统一，如一些学生在未经教师允许的情况下就发言、活动，有的教师认为扰乱了正常课堂秩序，是一种问题行为，而有的教师则将它看作一种情绪激昂、思维敏捷、乐于展示自我的表现。因此，问题行为具有一定的主观性。

（一）学生问题行为产生的原因

综合起来，学生的课堂问题行为表现大致有以下几种类型：①注意力不集中。课堂上注意力分散、转移，学生不能集中思想听课和练习，随意与同学嬉笑、打闹。②反抗行为。学生的逆反心理造成他们的反抗行为的出现，不遵守课堂纪律、不听从教师的组织安排和练习小组长的指挥，练习过程中故意捣乱。③攻击性行为。体育课堂中损坏公物、抢夺同学的器械、恶意指责同学，更甚者争吵、辱骂、打架斗殴。④惰性心理性行为。怕脏、怕累、怕晒、怕苦等，找理由逃避上课、躲避练习，体育课上精神不振。⑤性格内向性行为。课堂上表现不与同学交往，情绪紧张、焦虑、胆怯，合作练习不能完成。学生课堂问题行为产生的原因，可以从三个方面进行归纳，具体表 4-1。

表 4-1　学生课堂问题行为产生的原因

因素	产生的原因
教师因素	教师的专业水平不高，不能吸引学生的注意力
	教学内容安排不合理，对学生的要求过高或过低
	教学方法单调、陈旧、枯燥乏味，不能激发学生的学习兴趣
	教师教学情绪低落，精神不振，态度不热情
	教师管理能力差，组织形式不合理，课堂教学秩序混乱
	教学中教师不能平等对待学生
	教育方法失当，过分体罚、谩骂学生，没有尊重学生的人格
	教学中对学生保护与帮助不足或不当，导致学生畏惧练习
	课堂中不能突出学生的主体地位，课堂气氛不活跃
学生因素	思想不重视，抱着无所谓的态度
	用问题行为引起教师、同学的注意，报复教师、同学对自己的忽视
	学习态度不端正，纪律观念淡薄
	个人意识浓厚，行为霸道，合作练习意识差
	趁体育课上减缓紧张学习的压力，用问题行为来发泄情绪
	对体育活动项目兴趣低，发泄不满情绪

续表

因素	产生的原因
学生因素	个人性格内向，不善于和同学合作学习、活动
	学生情绪低落，借体育课堂发泄或不参与活动
	体育能力较低，身体素质较差，怕同学取笑，不参与活动
	活动中遭遇同学取笑，导致问题行为的产生
	学生的生理障碍，如女生的经期、个别学生的多动症
环境因素	不良家庭的教育方式，造成学生心理品质不健全
	社会不良现象、信息的影响，如打架斗殴、家庭暴力等
	学校不重视体育教学，经常占用体育课
	学校体育教学设施不完善、场地器材短缺
	教育制度的影响，素质教育下的“应试”教育，导致学生轻视体育教学
	自然因素，如气温、日晒、风沙等

(二) 管理的策略

1．事先预防问题行为

学生的课堂问题行为，往往是很难预料的，但有一些是可以把握控制的。教师在课前应该根据学生的个性特点和教材内容，设想学生可能会出现的问题行为，事先采取预防管理手段，避免或减少问题行为的产生。对学生的问题行为最好的管理，就是在问题行为产生之前，实施预防性管理，避免或减少问题行为产生的可能性。它主要关注明确的行为标准、建设性的课堂环境、良好的教学策划、和谐的师生关系等方面。

明确学生常规的行为标准是一种有效的、先行的控制方法，因为这样可以事先确立起对学生行为在课堂中的期望，让每一个学生都明了什么行为是好的，什么行为是不好的，哪些行为是可以被接受的，哪些行为是不能被接受的。

学生的成功经验，通常会激发他们的愉悦情绪，降低挫折水平，从而避免或减轻问题行为。学生因心理作用而导致的挫折感往往是有些问题行为产生的原因。因此，对于教师而言，要反复研究课程标准和教学计划，以确保学生在课堂上适当的成功率，尤其是要规划动作难易适度的范围，如对一部分学生适当降低标准，确保这部分学生在课堂上的积极性，而对另一部分学生适当增加学习内容和难度，使他们不会产生厌倦感。教师对学习内容适当选择，有助于学生的成功体验，有利于形成成功感受，进而减少问题行为的产生。

研究学生，分析高中学生的年龄、性别特征，确定高中体育课堂的基本的行为标准，这个标准是教师在学期前和学生通过共同讨论而制定的，应该让学生知道基本行为标准的必要，它是合理的、明确的、具体的。同时，提高学生对体育与健康课的认识，明确体育锻炼的意义，在课堂的实施过程中，培养学生良好的文明、道德习惯，提倡健康的人生观念。

研究教材教法，根据学生的年龄、性别特征，学校的场地器材情况，认真备好课。关注学生课堂的主体性，激发每个学生的参与积极性，公平对待学生，运用灵活的教学方法、手段，让每个学生都积极地参与进来。课堂中要给予学生足够的练习时间，尽量满足每个层次学生的需求，提供给学生表现的机会，满足学生的表现欲望。根据教学内容，合理安排练习场地，避免班级间、练习组间的干扰。对于器械课，教师应该认真做好准备，特别要做到保护与帮助，鼓励学生间的保护与帮助。

学生的差异性是客观存在的，教师给予学生的评价应该尽可能体现这一点，尽量让不同层次的学生在体育课中有成功的体验，体会到体育活动带来的乐趣。因为挫折感往往是有些问题行为产生的原因，因此教师要确保学生在活动中适当的成功率，学生练习进步的同时得到教师的认可，会激发学生继续练习的欲望，这样可以降低挫折感，从而避免或减轻问题行为的出现率。

教师应该增强自己在学生心中的威信，一般来说，教师的威信越高，学生越不易出现问题行为。教师的威信不是建立在学生对教师命令的服从上，教师应该主动地去改善师生关系，创造良好的师生心理气氛，用自己良好的人格魅力来吸引学生，使师生距离更近，增强学生对教师的信任，减少学生练习时的紧张和害怕心理，因此教师应该提高自己的威信及学生对自己的信任感，有效预防问题行为的发生和发展。

2．及时终止问题行为

课堂问题行为得不到及时的控制，将会扩展或蔓延，甚至引发其他的问题行为，造成意想不到的后果。课堂中教师对学生已出现的问题行为，应该采取必要的手段给予有效的控制，及时处理，终止问题行为的进行。

课堂中要多鼓励和强化良好行为，以好的榜样来控制问题行为。通过鼓励和强化进行中的良好行为或新的良好行为，可以抑制或终止其他的问题行为。

选择有效的方法，及时终止问题行为。学生的问题行为以轻度为主，高中学生较明事理，课堂中大部分的问题行为只需要教师运用一定的、合理的影响方法便可以得到终止，一般采用爱心关注、信号暗示、巧用示范、有意忽视、正面批评等手段，能有效终止问题行为。通过良好的方法，可以让学生明白自己行为的错误性。如高二学生上支撑跳跃课，教师在讲解的时候，有学生偷偷在另一个横箱上练习，教师可喊该生来并鼓励其做演示示范，然后加以教育——在没有教师或同学的帮助保护下，不要擅自练习，不然可能会出现安全问题等。这样既终止了问题行为，又满足了学生的表现欲望，学生也会心悦诚服地接受教师的教育。教师在采用终止问题行为方法时首先必须考虑到学生的性别、个性特点及问题行为的程度，如对女生一般采用爱心关注和信号暗示。教师采用正面批评的前提是尊重学生的人格，就事论事，不是针对学生个人。学生的个体是不尽相同的，教育方法也是多种多样的，教师应该在实践中创造性地加以运用。

3．有效矫正，多方合作

学生课堂行为的产生是多因素的，有些是出于无知，有些是故意的，有些是个人品质或是上堂课问题的延续。教师需要对学生的问题行为进行慎重分析，采取有效的矫正手段，让学生认识到自己的行为问题，在教师、同学、自己的努力下，逐渐消除问题行为，塑造和发展良好的行为。课堂问题行为的有效矫正首先必须要有一个好的课堂环境，一个好的集体，这是前提。教师必须努力去营造一个活泼、合作、团结的课堂环境和集体。

教师应主动和学生多交流与沟通，了解学生的想法和感受，关心他们的成长，以增进师生的感情。鼓励学生参与体育活动，让他们明白参加体育活动的意义，并给予他们获得成功的机会，让学生感受到参加体育活动的乐趣，并保持这种体验，可以很好地矫正问题行为。通过教师良好的个人行为引导，如课堂中教师应该置身于课堂活动中，经常与学生共同活动，在活动中让学生体验到合作的愉快，可以减少问题行为的出现，同时矫正学生的问题行为。

问题行为的教育与矫正，不但在课堂中进行，还应该延伸到课后。课后与学生的谈心是很重要的，和学生共同分析问题行为，让学生认识到问题行为的后果，对个人和集体的负面影响，这样学生会心服口服，会自主地矫正问题行为。

加强学生的耐挫能力，也是体育课堂中的问题行为矫正的良好方法。学生练习失败时，心理的自卑、同学的取笑，会让学生产生逃避练习的行为或与同学发生冲突。加强耐挫能力，培养学生良好的承受能力，加上良好的课堂环境，学生的问题行为会得到很好的矫正。

学生的问题行为产生的原因是多样的，有的在体育课上出现，有的在其他课上出现，这就要求教师认真分析学生的问题行为。教师要寻求多渠道的矫正教育，对于问题较为严重的学生可能要通过与班主任或相关教师联系，甚至与家长联系，全面、具体地了解学生的情况，加强共同教育，从根本上消除问题行为。

六、特殊群体的管理

特殊群体是指特殊身体状况的学生(如有残障或通过医生诊断有各种不适于剧烈运动的疾病)。体育特殊群体不单纯是指多病身残的学生，还包括身体肥胖者、身体瘦弱者、体质差多病者、运动能力低下者、先天性疾病者和不喜爱体育健身懒散者，这些类型均属于体育特殊群体。对于特殊身体状况的学生、手术后或病愈恢复期学生、因肥胖或瘦弱运动困难的学生和一些情绪障碍较严重的学生。

(一) 鉴别特殊群体

为了课堂教学的顺利开展，要充分了解不同学生在体育方面的差异，以便于更好地进行有针对性的教学。这里要了解的差异主要来自学生由于身体、心理及环境等方面的原因在客观上与其他同学存在的差异。在充分了解学生差异的基础上，掌握学生体育的基本情况。

（二）针对个体差异的策略

鉴于个体都是存在差异的，因此，要想使每个个体都能得到全面的发展，必须采用针对个体差异的教学策略。

第一，小组教学。这里的小组教学主要是根据特殊群体的学生的身体状况，按不同的群体选择适合其活动的体育内容进行学习的分组形式。

第二，辅助教学。可根据特殊群体的学生的情况，在学校条件允许的情况下，在教学编班时有选择性地将具有类似或相同体育学习困难的同学集中在一起进行体育教学，这样使教学更有针对性。

第三，个性化教学。对学生在不同活动中的不同要求，以及在同时进行的各种活动中提出不同的要求，以保证特殊群体的学生能够有充分的体育学习的机会，特别是可以采用“运动处方”的形式，使这些学生积极地参与和锻炼。

第五章 体育教学评价

第一节 体育教学评价的概念与原则

教学评价是课程教学的重要环节，体育课程教学也不例外。体育教学评价是一般教学评价在体育学科中的具体运用。要卓有成效地开展体育课程教学工作，真正实现提高学生综合素质的目标，就必须在实际教学中贯彻新的教学理念，利用新的教学方式和丰富的、与实际社会生活相配套的体育课程内容来进行教学，而所有这些都需要教学评价与之相配合。因此，只有对当代体育课程的教学评价有较深入的了解，树立全新的教学评价观，充分发挥其在体育课程教学中的导向作用，才能更好地促进新课程改革下体育课程的教学工作。

教学是教师和学生共同参与的一种活动过程。教师在预定的教学目标指引下，运用多种方法，循序渐进，以期学生的学习行为能够随着教学的进展而有所改变，进而达到既定的教学目标。而要知道教学结果是否达到预期的目标，就必须针对教学效果实施客观而又正确的教学评价。

一、体育教学评价的概念

如何界定教学评价的概念，是教学评价实际工作中需要解决的一个重要问题。对教学评价概念的理解，不仅决定了教学评价的建立，而且会对教学评价实践产生重大影响。“教学评价是在一定的价值观指导下，用一定的技术和方法收集整个教育系统或某个侧面的信息，并基于所获得的信息，以教学目标为依据对学生的各个方面都做出客观的衡量和价值判断，从而促进学生不断向前发展。”

对于体育课程而言，体育课程教学评价的实质是以学生体育教学为对象，按照一定的教学目标，运用科学可行的评价方法，依据相应的评价标准，对体育教学过程和体育教学成果给予价值上的判断，为改进教学，提高教学质量提供可靠的信息和科学依据，最终促进学生的全面发展。

二、教学评价的特点

（一）评价目标的发展性

传统的体育课程的评价体系是建立在以运动技能为核心的教育价值观下的，把对运动技能的掌握作为一切教学的出发点和归宿。这不可避免地会导致课堂教学训练化，导致了教师在课堂上只关注运动技能的传授，而忽视了学生的健康、体育兴趣、态度、情感、能力等其他方面的发展。如今，人的全面发展已经成为教育界普遍关注的话题，教学的主流精神已从单纯地关注知识、能力等问题转向对个性发展、个性教育的关注。以人格和谐发展为核心理念的文化价值观正逐渐被确立，成为有前景的，能被全社会普遍关注的文化价值理念。在这种理念的引导下，体育课程的教学评价也转向关注人的全面发展和学生的健康成长上面。体育课程教学评价的标准是多层次的，不仅涉及评价对象的基础知识、基本技能、思想观念以及道德品质，还涉及学生的智力因素、个性发展、情感性格和实践能力等。体育课程教学评价目标坚持以人为本，不仅注重学生的现实表现，更注重他们未来的发展，把促进学生的长远发展，提高学生的综合素质作为教学评价的主要目的。

（二）教学评价的过程性

新课程改革下，体育课程教学评价注重结果，更注重过程。体育课程的教学评价立足于对学生学习过程的全程跟踪和考查。教师对学生在学习过程中所表现出来的优点予以肯定，对表现出来的缺点加以分析指导，帮助他们制定改进计划并督促实施，使学生在学习、成长过程中不断完善自我，发展自我。

注重对学生日常学习和发展的评价，关注学生在体育课程学习过程中的点滴进步和变化，及时给予评价。在学生学习和参与体育锻炼的过程中不断利用口头评价等方式对学生的发展状况给予及时评价，有利于激发学生的学习积极性，有利于加强师生之间的联系，使学生能够及时了解自己的进步和不足，从而有效地促使学生达到相应的体育课程的要求。

利用记录体育课程学习过程的方式使学生看到自己的进步过程，发现自己在学习中的不足，并通过记录增强其自我评价的能力，将平时成绩和期末成绩结合起来，在学生的体育课程评价中各占一定的比例，使学生和家长不再只关注期末考试，体现了新课程改革下体育课程教学评价的精神，达到“以评促教，以评促学，评教结合，教学相长”的教学评价的具体要求。

(三) 评价主体多元性

以往的评价多是以管理者为主的单一评价模式，学生只是消极被动地接受评价，评价给学生的心理造成压力，使其对评价畏惧，甚至产生逃避的心理。因缺乏被评价者的积极参与，评价者往往不能准确地发现问题，使评价的发现和改进的功能不能得到很好的发挥。正确的评价应该是包括教师、学生、家长、管理者共同参与的交互过程。被评价者成为评价主体中的一员，这样有利于加强评价者和被评价者之间的互动，提高被评价者的主体地位。除了教师评价学生以外，还增加了学生评价教师、学生评价学生、学生自己评价自己的模式，这样，学生始终以主体身份参与评价，让他们了解所要解决的事，了解评价的手段和方法，使其更清楚、更全面、更客观地认识自我，使评价过程成为一次自我认识、自我教育的实践活动。

在新课程改革下的体育课程教学评价过程中，教师和学生不再处于过去单纯的被动状态，而是处于一种主动的积极参与状态，充分体现了他们在教学评价中的主体地位。将教学评价变成学生主动参与、自我反思和发展的过程，使教师和学生相互理解、相互支持，形成积极、平等的评价关系，这将有助于被评价者有效地对被评价的过程进行监控，帮助被评价者认同评价结果，促使其不断改进，获得主动发展。评价过程强调参与互动，通过与家长互动的方式让家长也参与到体育课程教学评价中来，将评价变成多主体共同参与的活动，使整体教学评价工作更有成效。在体育课程教学评价中，只有强调评价主体的多元化，才能全面、准确地反映学生的发展状况，更好地促进学生的综合发展。

（四）评价方法的多样性

体育课程的教学评价方法多种多样。由于实际教学中存在各种因素的制约以及评价技术和方法的局限，任何一种教学评价方法都不可能是万能的，每一种评价方法都有自己的优点和不足，都有特定的适用范围。因此，体育课程的教学评价应该依据评价目的，采用多种有效的评价方法，教师应根据实际评价的需要，合理地使用各种评价方法或采用多种方法同时进行评价，方能达到评价目的。例如通过观察，教师可以记录学生在活动中的各种行为表现，以此对学生进行综合评价；通过访谈，教师可以深入了解学生思想观点的变化；通过成长资料袋(档案袋)，教师可以持续性地获得学生成长和发展信息；通过对学生作品的分析，则可以更清楚地了解学生潜在的发展状况。不同的评价方法具有不同的功能和作用，在实施中，要注意综合运用。这样既可以充分发挥各种评价方法的优势，又可以互相弥补相互之间的不足，其目的在于更好地促进学生积极主动发展，从而使体育课程中的教学评价结果更加客观、公正。

三、教学评价的原则

（一）教学评价兼顾体育课程的多重教学目标

体育课程的教学目标可以分成知识、情感和技能三个方面，因此，教学评价也必须兼顾这三个方面的目标，不能只注重知识目标而忽略对情感和技能目标的评价。此外，教学目标不但有不同的种类，亦有不同的层次，应对每一层次的目标加以评价。例如，知识目标可以分为知识、理解、应用、分析、综合和评鉴六个层次，所以在评价知识教学结果时，决不可只偏重知识层次的评价，要做到兼顾其他层次目标的评价，其他目标种类及其所属不同层次目标的评价亦然。

（二）教学评价过程中承认学生个体差异

学生是体育课程教学发展的主体。每个学生由于遗传因素、生存环境及自身努力程度等方面的不同，在发展过程中就会呈现出差异，这是客观存在的。面对这些差异，应持有不同的体育课程教学评价标准，评价标准要根据学生年级的不同而有所变化，对同一年级的不同班级学生和同一班级的不同学生也应持有不同的评价标准，这样才能达到体育课程教学评价的目标，也有利于激励各类学生的进步，挖掘每个学生的潜能，使他们自觉地沿着不同的成长轨迹不断地发展。

(三) 进行多次评价

教学评价的目的在于确保达到教学目标、改善教学水平和提高学生的学习效果。因此，获得一个正确的评价结果或提供正确的评价信息，对实现教学目标具有决定性的作用。而要确保所获得的评价结果是正确的，则必须针对同一评价对象的样本行为进行多次的评价，才能得出比较正确的评价结果。单独一次的评价结果必定会存在一定的误差，信度、效度都不高。经过多次评价后，误差将逐渐减小，使多次评价结果的平均数更接近真实的结果，最终获得一个接近正确的评价结果。因此，针对同一评价对象的样本行为进行多次的评价，是获得正确评价结果的有效方法。

(四) 正确运用评价结果

为了更好地利用教学评价结果来改进教学效果，教师应在教学评价之后，根据教学目标或学习内容，分析学生的学习方法以及兴趣，确定学生学习的优缺点，以便有的放矢地制定学习辅导策略，确保学生的学习效果达到预期的教学目标。

体育课程教学中应坚持以鼓励为主，使学生对自己的能力及其成果保持信心，这样有助于学生形成良好的心态。因为鼓励是一种信任，是一种美好的情绪。教师应善于发现学生的可圈可点之处，不吝惜自己的赞语。在实施教学评价时，教师还要做到认真、诚恳。每一个学生都非常在乎老师对他的评价，在实际的体育课程教学环境中，只要教师对学生的点滴进步给予充分肯定，就能有效调动起学生的积极性，更好地配合教师完成教学活动，使教学工作达到教学目标的要求。

第二节　体育教学评价的内容

体育教师是教学的组织者和实施者，对体育教师的教学评价是促进体育教师提高专业素养和体育与健康课程教学质量的重要手段。对于体育教师的教学评价，主要是针对教师的专业素质和课堂教学两个方面所进行的综合评价。

一、对体育教师专业素质的评价

体育教师是体育教学过程的主导者，教师素质的高低直接影响学生的健康成长。教师的专业素质主要指的是政治素质、知识结构素质、能力结构素质、身心素质和教师自身发展的素质等。

（一）政治素质

体育教师的政治素质是教师素质评价中不可缺少的一环，其内容主要有对遵纪守法、教书育人、参与民主管理、为人师表、良好的文明行为习惯及政治理论的水平和工作态度等方面的评价。

（二）知识结构素质

对体育教师的知识结构素质评价的内容有体育教师必须具有系统全面的体育专业知识，并对相关学科的基本常识有所了解；体育教师应比较系统地掌握教育学和心理学的基本原理和方法，了解学生身心发展的规律和教育规律，将理论与实践有机地结合起来，以便顺利地达到预期目标。

（三）能力结构素质

能力结构素质包括完成体育教学工作的能力，如体育教学的设计、讲解、示范、观察、组织教学等技能，激发和保持学生的运动兴趣的能力；独立进行教学活动的能力，如制定教学计划、选择教学目标与内容、安排与组织教材、理解与挖掘教学内容以及教学方法和现代教学技术手段的使用；教育管理学生的能力，如组织课堂教学、处理协调师生之间的关系等；表达能力，包括教师用规范标准的语言，对学生要有感染力等；创新能力，即善于独立思考，不断改革创新；开发和运用体育资源的能力，是教师教育能力的具体表现。

（四）身心素质

教师的身体素质是从事体育教学工作的最基本条件，不仅应具备相应的运动能力，更要掌握从事体育教学所必需的相关技术技能。同时，教书育人的效果如何，在某种程度上与教师的个性品质受欢迎程度有一定的关系。教师的心理素质评价的内容包括教师应具有细致、敏锐的观察力，善于通过学生的言行，洞察其内心世界，同时发现学生的潜能；教师的思维要缜密、敏捷，才能把严密逻辑的知识体系传授给学生；教师必须具有坚强的意志品质，才能克服来自各方面的困难，取得较好的成效；教师必须具有丰富的情感，以自己乐观的情绪感染学生。同时，要善于控制自己的情绪，对学生进行潜移默化的教育。

(五) 教师自身发展的素质

教师自身发展的素质包括教师接受新理论、新方法、新技术的能力，善于不断学习和进步的能力，自觉寻求发展的能力，教学发展的潜能，自学提高的能力，以及教学改革和教学研究的能力。

二、课堂教学评价

课堂教学评价是对体育教师的教学过程与教学效果进行的评价，在课堂教学评价中，一方面要对整个教学过程的展开进行评价，另一方面更要注重对教学活动的有效性，即教学活动对实现教学目标的有效程度进行评价。主要从以下几个方面对其进行评价。

第一，教育教学思想评价，指教师在体育教学过程中能否坚持教书育人的原则，是否有改革创新的精神，是否坚持“健康第一”和“终身体育”的指导思想，是否能促进学生的全面发展。

第二，贯彻课程标准的评价，包括课堂教学是否符合课程标准的要求，教学是否紧紧围绕学习目标进行，是否完成了课程标准所规定的教学任务和教学内容等。

第三，教学内容的评价，包括教学内容是否紧扣学习目标进行安排，是否达到科学性和思想性的统一，是否将思想品德教育寓于体育教学内容之中，是否科学地安排运动负荷，教学组织是否合理。

第四，教学方法和手段的评价，包括教师能否依据教学的具体任务和内容特点，有针对性地选择教学方法；教学方法的选择是否符合学生的身心特点，是否有利于激发学生的学习动机和培养学生的学习兴趣；教学方法是否具有启发性，是否有利于培养学生的独立思考、分析问题、解决问题的能力和创新精神；教学手段的运用是否增强了教学的直观性，是否有助于提高学生的学习效率。

第五，教学技能的评价，包括讲解评议是否规范、准确、简洁，是否正确运用术语和口诀，示范动作是否准确优美；是否能沉着、冷静、机智地处理课堂突发事件，使教学顺利进行。

第六，教学效果的评价，包括是否很好地完成教学任务；学生是否完成了学习目标，掌握教学内容；是否充分发挥了学生学习的积极性和主动性；是否培养了学生勇敢、顽强、竞争、合作的心理品质；是否激发和保持了学生的运动兴趣，促进学生体育锻炼习惯的养成。

第三节　学习理论与学习评价

课程学习评价是新一轮的基础教育课程改革的重点,《基础教育课程改革纲要(试行)》明确指出，要“建立促进学生全面发展的体系”。如何科学合理地评价学生的体育与健康成绩，使评价成为促进学生更好地进行体育学习和积极参与体育活动的有效手段，是我国体育与健康课程改革亟待解决的问题。

一、学习的过程与分类

(一) 学习的过程

过程的研究有助于从整体上揭示研究对象的本质、各组成部分的关系及功能，有助于掌握研究对象的活动规律和特点。所以，对于学习过程结构的研究，历来是教育家、心理学家十分重视的问题。下面介绍几种有代表性的分析。

1. 我国古代教育家关于学习结构的传统分析

我国古代教育家的学习理论有许多精辟的论述和独到见解，概括起来，我国学习过程结构的传统模式如图 5-1 所示。

学习	学	学	闻见（感知）	获得知识和技能
		思	慎思（理解）	
	习	习	实习（巩固）	形成能力和品德
		行	笃行（应用）	

图 5-1　我国古代教育家的学习过程结构模式

这一模式表明：学习过程分为学和习两个方面，具体分为学、思、习、行四个阶段。其中，学是通过多种感官获得信息的阶段；思是对输入信息进行加工的阶段；习是通过练习、复述对信息的保持和巩固阶段；行是提取信息应用于实践的阶段。学和思是获得知识和技能的过程，习和行是形成能力和品德的过程。从学到习就是从不会到会、从知之较少到知之较多的过程，实质上是德才兼备的发展过程。

2．苏联心理学对学习过程结构的分析

苏联心理学的理论基础是反射学说。所谓反射是指有机体通过神经系统对体内外刺激所做的有规律的反应。

开始环节，主要是通过感官接受体内外的刺激，并把信息传递到中枢的过程。由于外界信息量远远超过主体感觉通道在单位时间内所能容纳的容量，也就是说输入的信息量总是少于外界的信息量。因此，接受哪些或不接受哪些信息，需要经过注意的筛选和过滤，表现出一定的定向功能，故开始环节又称定向环节。

中间环节，即加工环节，主要是对输入的信息进行加工、组织和制作的过程。按照认知心理学的观点，加工信息的场所，意识活动的中心是短时记忆。它具有保持时间短、容量有限、易受干扰等特点。

终末环节，亦称行动环节，是对加工组织过的信息进行反应的过程，担负着执行的功能，如肌肉收缩、腺体分泌等。

反馈环节，是对行动是否符合任务要求，是否达到目的进行检查和评定的过程，担负着校正和调节的功能。

研究表明，任何一个复杂的反射活动，都不是一次单向传导所能完成的，而是在输入与输出、低级中枢和高级中枢之间有来回往返的联系。这种由效应器的活动引起的传入冲动叫“反馈”，或者说系统的输出转变为系统的输入就是反馈。如教师根据课堂纪律、学生听课、记笔记、回答问题等反馈信息，及时调整自己的教学内容或方法。学生根据作业、实验和考试等反馈信息，确定下一步的行为目标。这些均是通过反馈环节来实现的。通过行动获得的反馈信息如果是正确的，它将作为成功的经验存在于记忆当中；如果不符合任务要求，则需要重新输入有关信息，进行新的加工和组织，直至做出精确反应。可见，作为双向传导的反馈环节，对于保证大脑皮质对效应器的调控，保证有机体对外部环境的适应与平衡具有重要的作用。

3．美国心理学的分析

美国心理学家对学习过程结构的研究，可以以加涅为代表。加涅把学习过程分为八个阶段，提出了学习过程结构的阶梯模式。

(1) 动机阶段。每个人做任何事情都是有原因的，即为什么要去做，通过活动预期达到什么样的目的。这是整个学习过程的第一步，任务是解决个体活动的动力问题。

(2) 选择阶段。当确定要做的事情之后，就必然会注意与目标有关的信息，进而选择有用信息，淘汰无用信息，使心理活动指向并集中于学习内容，形成一种定式。定式一旦建立，学习往往会表现出一定的坚持性。

(3) 获得阶段。这一阶段起着编码的作用，即对经过选择的输入信息进行登记，以物理特性的形式暂时贮留起来。

(4) 保持阶段。被登记的信息如果继续给予注意，则进入短时记忆。通过在短时记忆中加工、组织等一系列制作过程，信息以表征的形式转入长时记忆加以贮存。

(5) 回忆阶段。根据当前的任务，检索提取出长时记忆中的有关信息，使这些信息复活并积极参与当前任务的解决过程。

(6) 概括阶段。把已经获得的知识技能灵活地应用于新的问题情境中，做到举一反三，触类旁通。这一阶段反映了“为迁移而教，为迁移而学”的思想。

(7) 作业阶段。这是效应器的活动阶段，是使学习付诸行动，通过作业、练习或操作完成学习任务的过程。在这一阶段，学习的效果及解决问题的能力都可得到初步反映。

(8) 反馈阶段。学生因完成了新的作业并意识到自己已经达到了预期的目标，从而使学习动机得到强化，并由此确定新的、更高的目标。加涅认为："值得注意的是强化主宰着人类的学习。因为学习动机阶段所建立的预期，在反馈阶段得到了证实。"

加涅的学习阶梯模式是以学生在学习中所发生的心理过程为依据的，从学习动机的确立到学习结果的反馈，从学习愿望的产生到愿望的满足，揭示了人类掌握知识、获得技能、形成能力的发展规律，对于学生的学习是有积极指导意义的。

(二) 学习的分类

关于学习的分类，由于学习活动本身的复杂性以及人们在学习定义、学习过程和分类标准等方面存在着不同的观点，因此其分类很难统一。这里针对学生的学习特点，介绍美国心理学家奥苏伯尔的学习分类。

奥苏伯尔的学习分类比较符合学校教育的实际。他分别从学生的认知过程、学习方式与学习内容出发，提出了不同的分类。

从认知过程出发，学习可分为三种类型：①符号学习，就是学习单个符号的意义，目的在于弄明白不同的符号代表什么，这是初学者的学习。例如，识字、识数、拼音字母与单词及各学科公式里的符号等。②概念学习，是对某类符号进行抽象的概括。奥苏伯尔认为，学生学习概念分为两步。第一阶段即在具体概念的基础上形成抽象概念。③命题学习，是学习句子的意义，通过句子来理解各个概念的含义、结构及其关系，如"生命在于运动""学习的目的在于运用"。这也是学生学习概念的第二阶段。

根据学习方式和学习内容的不同，学生的学习可分为接受学习与发现学习，机械学习与有意义的学习。两个学习维度之间不是彼此独立、互不依赖的关系，而是一个连续的相互影响的过程。有意义的学习要以机械学习为基础，不识字，不识数，又怎么能够通过阅读和计算去进行高级的有意义的学习？机械学习也有待于上升为有意义的学习，否则只是记住一些零星、片段、没有联系的字、词、符号，无法适应环境的变化。

发现学习与接受学习也是同样的道理。没有接受学习，不积累大量的知识和经验就谈不上发现。仅仅是接受而不创新就意味着社会的倒退，最终会导致人类的灭亡。而且，独立发现学习由于内容的不同，可以是机械的(如迷宫学习) ，也可以是有意义的(如科学研究) ；有意义的学习也可以是接受学习或发现学习，如听演讲、看资料或新思想、新设计的产生。所以，在教育界，有学者把发现学习与有意义的学习等同、将机械学习与接受学习等同以及各部分独立的思想都是错误的。关于不同学习类型优劣的争论，更是毫无意义。因为各种形式的学习在整个学习过程中都是需要的，所不同的只是根据对象、任务、内容和要求的不同，在选择上有所侧重而已。

从上述介绍可以看出，学习的分类繁多，千差万别，难以统一。其原因，首先同学习活动本身的复杂多变有关。其次，同各学派的观点、划分标准、角度的不同等因素有关。而且在各种分类中，对于动物的学习与人的学习、人类的学习与学生的学习没有做出严格的区分，有的甚至混为一谈，这势必影响学习分类的科学性和逻辑的严密性。但是，了解这些繁多的学习分类也不是毫无意义的，它可以帮助我们在借鉴前人成果的基础上，有所创新和发现。

对体育学习来说，其分类就更为困难。因为体育学习既要遵循各门学科认识事物的共同规律，又要遵循人体结构、人体生理机能活动变化和动作技能形成的规律。学习的材料除教材、挂图、教师的讲解外，更多的是各种运动器械、教师的示范，而且是以学生的身体练习为主要方式去掌握知识和技能。所以，体育学习的分类应具有自己的特色。但目前在这方面的研究较少的情况下，为了便于学习，我们可根据体育学习的任务将其划分为以下四种类型：

(1) 体育知识的学习。包括体育的起源和发展，体育的基本概念、术语、规则及体育有关理论的学习。

(2) 体育技能的学习。包括跑、跳、投、掷、游泳、攀登等基本运动技能和篮球、排球、足球、田径、武术等基本运动技能。

(3) 体育锻炼方法的学习。包括掌握有效锻炼的方法，也包括室内、室外、不同季节、不同项目的方法的选择，养成自觉锻炼的习惯。

(4) 体育道德品质的学习。包括对体育的认识、态度，自觉遵守体育道德行为规范，培养健康的体育观。

二、学习理论的形成和发展

学习问题在长期的研究中，由于研究者的哲学观点、知识背景、研究角度以及对象、方法的不同，形成了多种理论并存的局面。归纳起来，大致可分为两大阵营：联结派学习理论和认知派学习理论。

(一) 联结学习理论

联结学习理论又称刺激——反应学习理论(S－R) 。它是继承了英国联想主义心理学派的一种理论体系。其代表人物很多，对于学习的解释各家又有其独到的见解。如桑代克认为学习是“尝试错误”的过程；赫尔认为学习是习惯的形成；华生则认为有机体的行为完全可由 S－R 的公式解释，不必考虑机体的内部状态等。尽管各家的见解各异，但比较一致的基本看法是学习是刺激与反应之间形成的联结。下面介绍这一学派的代表人物桑代克、巴甫洛夫和斯金纳的学习观。

1．桑代克的“尝试错误说”

桑代克是美国哥伦比亚大学的心理学家，也是第一个根据动物的试验研究对学习问题提出系统见解和理论的教育心理学家。从 1896 年开始，他先后研究过鱼、小鸡、猫、狗以及猴子的学习，其中最著名的是猫解决疑难笼的学习试验。

试验过程如下：将一只饿猫关在疑难笼中，笼外放有鱼或肉。猫在笼中用爪求食而不可得，于是在笼中乱咬、乱摇、乱撞。后来，偶然拉动门钮逃出笼外，得到了食物。把猫重新关进笼内，它又重复上述过程。如此反复地进行试验，可以看到猫的无效动作逐渐消除，打开笼门取得食物所需的时间逐渐减少。也就是说能够满足需要的行为反应与情境刺激发生了联结，而不能满足需要的行为反应(乱摇、乱撞等) 渐渐消退。最后，猫一进笼内，就能立即打开门取食物或逃走。至此，解决疑难笼的学习完成。

桑代克认为学习过程是一种渐进的、盲目尝试与错误的过程。随着错误反应的逐渐减少，正确反应的逐渐增加，终于形成了固定的刺激与反应之间的联结。因此，桑代克的学习理论又叫联结说，也称试误说。

2．巴甫洛夫的经典条件反射学习

俄国生理学家、高级神经活动学说的创立者巴甫洛夫曾用狗做过一个著名的试验，提出了条件反射学习理论。

试验过程如下：当狗吃食物时会出现唾液分泌现象，这是无条件反射，食物称为无条件刺激。给狗以铃声(无关刺激)，则不会出现唾液分泌现象。如果每次给狗吃食物以前先出现铃声，经过多次结合以后，铃声一响，狗也会出现唾液分泌现象，这时条件反射就形成了。为什么呢？因为铃声本来与唾液分泌无关，但由于多次与食物结合，铃声已具有了引起唾液分泌的作用，即成为进食的信号了。此时的铃声已转变为信号刺激(条件刺激)。所以，由无关刺激引起的反射活动，就是条件反射。可见，形成条件反射的基本条件是无关刺激与无条件刺激在时间上的结合。这个过程称为强化。

巴甫洛夫认为，学习就是暂时神经联系的形成，也就是刺激与反应之间通过强化的过程形成联结。强化的次数越多，条件反射就越巩固。而且，凡是能有效地作用于体内外的各种刺激，包括时间因素以及事物的关系等，只要得到强化，都可以转化为条件刺激，建立条件反射。当某一条件反射已经得到巩固后，用新的无关刺激与这个条件刺激相结合，还可以形成二级、三级甚至多级的条件反射，这也正是人的行为之所以复杂、多样的根本原因。值得注意的是，为什么说条件反射的形成机制是“暂时神经联系”。因为条件反射形成之后，如果不继续给予强化，已经形成的暂时神经联系就会逐渐消退，引不起应有的反应。所以，这与一吃东西就必然会流口水的无条件反射的固定、永久性神经联系比较起来，确实是暂时的。

3．斯金纳的操作条件反射学习

1938 年，美国心理学家斯金纳进行了一种操作性条件反射试验：把一只饿鼠放入试验箱内，开始时它东碰西撞，当它偶然踩在杠杆上时，自动装置就会送来一粒食丸以强化这一动作。经过多次重复，老鼠会主动踩杠杆而得食。这一事实表明，老鼠的学习已经形成。也就是在食物(刺激) 与踩杠杆的动作(反应) 之间形成了联结。之后，斯金纳通过对其他动物学习的验证性实验，深信人类的学习行为大多数也是操作性的。他在 20 世纪 50 年代把“操作条件反射”学习理论引进课堂，提出了程序教学和机器教学的设想，在教育界掀起了一场教学改革的运动，被誉为“机器教学之父”。

巴氏与斯氏的两种条件反射理论有许多相似的地方。最基本的共同点是两种反射都是刺激与反应之间形成联结。联结是随着强化次数的增多而巩固，随着不强化而消退的。同时，两种反射也存在一定的差别，主要表现在以下两个方面：

(1) 从两种反射的不同过程可反映出主动与被动的差别。经典条件反射是一个先有刺激后有反应的过程。也就是说先有报赏、奖励、表扬等，然后才进行操作或活动。这样的学习要推一把才走一步，显得十分被动。操作条件反射是先有反应，后有刺激。也就是说通过个体的积极操作与活动，先做出成绩，然后才得到相应的报赏。这样的学习是积极主动的，也是符合社会主义分配原则的。

(2) 在操作性条件反射中，有机体的反应是骨骼肌的活动，是一种能控制的、随意的行为。在经典条件反射中，有机体的反应是不随意的，多是植物性神经系统控制的内脏活动。

在日常生活中，操作条件反射比经典条件反射建立得更快、更巩固，也多于后者。但是，复杂的反射活动又往往是两者的结合。

上述代表人物的学习观都是建立在动物试验的基础上，把人类的学习还原到动物的学习也不失为一种有意义的研究方法和途径，对学习心理的研究和发展起了积极的促进作用。但他们用生物学的观点把人与动物的学习相提并论，忽略了人与动物学习的本质区别，忽视了人类学习与学生学习的差别，否认了意识和语言在人的学习中的作用，这是各家理论的共同错误之处。

(二) 认知学习理论

认知学习理论来源于格式塔心理学派。这一学派的代表都十分强调事物的整体结构、事物与事物之间的联系和关系，注重行为内部原因的探讨和认知结构的变化，其研究成果对心理科学的发展及世界教育的改革产生了重大影响。德国心理学家苛勒在大量试验的基础上断言：人类和高等动物的学习，不是对个别刺激做出个别反应，不是由于盲目的尝试而偶然获得成功，而是由于对整个情境有所领悟和理解的结果，是对知觉信息重新组织的过程。他于 1917 年提出“顿悟说”与桑代克的“试误说”相抗衡。瑞士当代著名心理学家、认识论的创始人皮亚杰认为，人类天生具有一种与环境取得平衡的倾向，其表现有两个方面：同化与顺应。同化是指个体将获得的新信息(经验) 纳入已有的认知结构，使认知结构发生量变的过程，如知识范围的扩大、量的增加。顺应则是指用新的信息(经验) 去改组或重新建构原有的认知结构，使认知结构发生质变的过程，如看法、意见、态度的改变。个体的学习就是通过同化和顺应这两个过程来实现的，其目的是求得与外界环境的适应和平衡。

美国心理学家托尔曼依据试验结果认为，个体的行为是有目的的，学习就产生于有目的的活动之中。个体所学到的不是刺激与反应之间的关系，而是连续出现的各种刺激或符号之间的关系。这种对一系列刺激(符号) 和目的物之间关系的认知，就好像对整个情境获得了一张认知地图，以后再遇到这些符号时，就可在认知地图的引导下，顺利到达目的地。因此，他的学习理论被称为认知目的说，也叫符号学习理论。下面我们重点介绍一下布鲁纳、奥苏伯尔、鲁墨哈特、维特罗克的学习观。

1．布鲁纳的认知发现理论与教育

布鲁纳是美国哈佛大学的教育心理学家，从事认知与发展的心理学研究。他在吸取格式塔理论、托尔曼与皮亚杰学说的基础上，通过长期的研究，逐渐形成了自己的具有特色的“认知——发现”学习模式。这一理论强调兴趣、动机、直觉思维和知识结构的重要性，对美国的教育改革起了积极的、重要的推动作用。他的学习模式的基本点在于以下几个方面：

(1) 注重学习各门学科的基本结构。他在《教育过程) 一书中指出：“不论我们选教什么学科，务必使学生理解(掌握) 该学科的基本结构。”所谓的结构，他认为:“……就是以允许许多别的东西与它有意义地联系起来的方式去理解它。简单地说，学习结构就是学习事物是怎样相互关联的。”

(2) 有了知识结构才能更好地形成认知结构。知识结构是经验的简约与联系的构造，是个体了解世界所经历的几个过程的总称，包括感知、领悟和推理等过程。而认知结构则包括知识的获得和知识的应用两个方面。显然，只有掌握了大量的知识，才能灵活自如地加以应用。

(3) 有了认知结构才能更容易通向原理、原则的迁移。布鲁纳认为，掌握了较基本的结构和原理，就可通过变式去理解特例，从而有助于增进学习中的迁移。这种态度和原理的迁移，布鲁纳认为应该成为教育过程的核心。这就要求突出或加强教材体系结构的中心地位，以利于促进为迁移而教，为迁移而学。

(4) 缩小高级知识与低级知识之间的差距。根据上述基本思想，布鲁纳提出了一个大胆的假设:“任何学科的知识都可以以某种方式教给任何阶段的任何儿童。”如当前的大学少年班，小小年纪同样可以学习高深的知识，并获得好成绩。这正是因为他们掌握了某门学科的基本结构，通过原理、原则的迁移缩小了高级知识与低级知识之间差距的结果。

与理论观点相适应，他在学习方法上也有所创新，提出了“发现学习”法。具体内容包括①强调对比；②激发有根据的猜测；③鼓励学生参与学习活动；④激发学生学习的自觉性。

2. 奥苏伯尔的认知同化论

奥苏伯尔是美国纽约州立大学研究院的教育心理学教授，是当代认知派杰出的代表之一。他的认知同化论是对皮亚杰和布鲁纳思想的发展和具体化，有独到之处，也易于被人们所接受。他和布鲁纳都强调学生应主动地、有意义地学习，但对于如何学习才算主动，才是有意义的，两人强调的重点有所不同。布鲁纳强调发现学习，奥苏伯尔则强调接受学习。他认为主动学习不等于排除教师的作用，事事都让学生卷入或参与。学生接受教师有目的的、有计划的、系统的知识传授并非就是消极被动的。他认为，学习的目的是要有所发现和创新，但发现创新的前提是拥有雄厚的基础知识，这种基础知识的获得与积累，在初级阶段是离不开教师的传授的。因此，他认为学生在教师的指导下获得系统的知识本身就是一种有意义的学习，因而也是积极主动的学习。

这种有意义的学习过程，是以同化方式实现的。所谓同化是指学生头脑中某种认知结构，吸收新的信息，当新知识被吸收到原有的认知结构之内，新旧知识的结构就形成了同位关系(A) 。例如，“灯”是照明的工具。现在出示一个形状奇特的东西，你不知道它是什么，有什么作用，但只要一说它具有照明的特性，你就会把它归属于“灯”这一概念中。又如，一种新的动作设计，只要规定它在竞赛中以单脚起跳，以不碰落横杆的高度来计成绩时，大家就会立刻把这一新技术纳入跳高项目中。

当所学的新命题包括了原有认知结构中的几个概念时，就形成了上位关系(B) ，如“水果”概念的学习，儿童在掌握了苹果、桃子、杏子、梨、西瓜等概念之后，再学习“水果”这一总括性的概念时，新概念就包括了原有的概念，具有了更高层次的意义。

当新命题与原有的认知结构既不产生类属关系，也不能产生总括关系时，可结合起来构成并列关系(C) 。如篮球、排球、足球、乒乓球之间的关系便是一种并列关系。

奥苏伯尔重视教师的主导作用，强调有意义地接受学习，强调学生原有认知结构与新知识的相互作用，促进同化，进而扩充和形成更高层次的认知结构等思想，符合教学实际，易于学生接受，因而受到世界各国的高度重视。

3．鲁墨哈特的图式理论

关于图式的概念一般认为是德国心理学家巴特利特在 1932 年提出来的，而图式理论则是由美国心理学家鲁墨哈特(Rumethart) 于 1980 年首创，并专门用来研究人的内部过程。

鲁墨哈特认为，图式理论是一种关于知识的理论，它要说明的是知识是怎样在头脑中被表征(信息贮存的一种方式) 以及贮存的知识又是怎样以特有的方式被提取而加以应用的。也就是说，图式包括知识本身和知识应用两个方面。

在鲁墨哈特看来，图式是由若干变量所组成的。在结构上就像剧本一样，有角色、情节和对白，而图式中的变量正如剧本中的角色一样可由不同的人来扮演，也可同环境中的不同情境发生作用。例如，教学的图式，变量包括师生双方、教室、教材、教具、教学过程及方式，其中师生双方可以是中国人、外国人、男人、女人、老年人或小孩；教室可以是新的或旧的，也可以是楼房或茅屋；教材可以统一自编、铅印、油印或手抄，但只要结构不变，仍是一个教学的图式。由此可见，在同一图式中，我们总是把原有知识同变量结合起来去分析新问题的。

但图式中的各个变量并不是孤立的，它总要与其他变量发生一定的关系。这种变量本身的价值和变量之间相互关系的知识，称为变量的约束。变量的约束在图式理论中的重要作用有两个方面：第一，能够帮助我们识别与图式变量有关的客观情境的各个方面，如买卖双方的约束，使买卖双方在价格问题没达成协议之前，不可能同货币发生联系。第二，变量的约束可以为我们提供一种“缺少的价值”。所谓缺少的价值是指对没有观察到的变量的猜测或推论，如联系什么程度的业务，可猜测或推论出大概的货币数目。当图式结构的变量与外界情境相结合，图式所具有的变量就被一些特殊的信息具体化了。这如同剧本的演出一样，不管是什么剧种，什么人演，在什么地方演，只要付诸实践便是具体化。具体化的过程就是理解的过程。

图式的中心作用在于建造对于一个事件、一种客体或一种情况的解释。也就是说，当遇到新问题、新情境时，图式的活动作用在于能否说明或解释你所观察到的情境。如选择的图式能说明情境，那么图式是合适的；如不能解释情境，则需要重新选择图式。因此，一种图式就是一种理论。一个人头脑中所有图式的总和，就构成了一个人对客观世界的总的看法，即世界观。

需要加以区别的是，图式和理论尽管都具有高度抽象、推测等特征，其作用都在于对客体、情境、问题做出解释和说明，但仍有两点是不同的。第一，理论是被动的，图式则是一个主动建构的过程。一种理论的诞生，其寿命相对来说是较长久的，人们只可套用，不可随意更改。而图式只是一种框架或结构，它可以根据具体情境灵活选择，次要部分可以改变，甚至主要部分也可以改造或重建。与理论相比，显得积极主动。第二，理论本身一般不包括许多亚理论，而图式则由非常明确的层次、等级结构所组成，如同计算机的程序网络系统一样，各个层次的图式都在执行着自己的任务。

鲁墨哈特根据对图式理论的研究，对图式的主要特点做了下列归纳：

(1) 图式具有变量。

(2) 图式具有层次。

(3) 图式可以在各种抽象水平上来表征知识而不是定义。

(4) 图式是一种主动的过程。

(5) 图式是一种认知的手段，其目的在于评价它所加工的材料的适合性。

图式理论是一种新兴起的理论，它强调知识结构与知识变量之间、变量与环境之间的相互作用，使各种变量具体化，以求对问题的理解和解决，对我们的教学工作是有启发意义的。但图式仅仅给教师的教学提供了一个框架或一种工具，它本身并不规定教师在课堂上应做什么，不应做什么。教师可根据对象、内容的不同，灵活处理教学工作。

4．维特罗克的学习生成模式

维特罗克是美国加利福尼亚大学的心理学教授，他的研究综合了 20 世纪 60 年代以来认知心理学的发展成果，集中反映了当代认知心理学家们对学习问题研究的思想转变。这种转变主要表现在以下三个方面：

第一，过去人们研究学习和记忆的兴趣在于探索外界环境的直接影响，现在人们的兴趣转向研究人类认知过程的重要性，探索教学怎样影响学生的思维过程，思维过程又是怎样反作用于教学过程的。

第二，过去的研究重在强化物怎样提高刺激物做出反应的概率，现在对学生接受刺激强化的归因感兴趣，也就是加强了对动机的研究。

第三，在更深的水平上，教学领域研究向认知领域转变，使教师从过程——产物的研究转向认知过程本身的研究，转向学生怎样利用外界信息，利用他原有的知识经验而形成对事物的理解。在此基础上，他提出了学习的生成过程模式。他认为，学习的生成过程是原有的认知结构(已贮存在长时记忆中的事件和人脑对信息加工的策略) 与从环境中接受的感觉信息相互作用，主动地选择信息，注意信息和构造信息意义的过程。

学生原有的认知结构贮存在长时记忆之中，感觉到的经验是外界环境的刺激，两者相互作用的加工场所在短时记忆。其中，以特殊方式加工信息的倾向指的是个体活动的动机和兴趣。个体为满足某种需要，必然会注意和选择外界有关信息，表现出一定的倾向性和指向性。感觉信息，经过选择进入头脑的信息保持的时间很短，与有关的记忆贮存发生联系后，即刻进入构造意义阶段。主动构造意义是一个试验性的过程，可能成功，也可能失败。而不成功的原因主要有两个方面：一是选择的信息不妥，包括注意的对象；二是从记忆中提取的信息错了。在这一阶段，还包括一个双方的检验对照过程，既要跟感觉到的经验对照，又要跟长时记忆中的经验相对照。构造如果成功，即达到了对事物意义的理解，这种成功的经验进而贮存于长时记忆，以备再次提取，同时扩大了原有的认知结构。

维特罗克的这一模式对学习过程做了深刻细致的解剖，对各门学科的学习都适用，这主要是以下三个方面的原因。

第一，从任何信息的输入活动来看，无论是观察、做实验还是阅读课文等，都不是从经验本身开始，而是从对刺激的选择性注意和知觉开始，具有一定的倾向性。因此，我们说学生的学习并不是被动地接受，而是一个主动的、深层意义的构造过程。这种选择性的意义既涉及直接的刺激，也涉及有机体内部的动机与兴趣，更涉及主体随意控制的努力。

第二，对感觉到的经验信息进行意义构造时，必然要寻找跟原有认知结构的联系，也就是寻找现有的信息与贮存在长时记忆中的有关信息的联系。这种联系对构造新信息的意义是很重要的。当寻找联系的工作失败，个体就不能理解新事物的意义了。

第三，构造成功的经验会输入长时记忆，对原有认知结构进行充实和改造。在这种学习观的指导下，维特罗克提出了一系列由学生采取的旨在促进学习的具体技术(也称生成技术) 。例如，列标题与小标题，自己设计问题、做笔记、写概要，抽象出主要观点、规则和原理等。

综上所述，学习就是学生在经过一定的活动和训练之后，在行为上出现的某种相对持久的变化。但是这种变化是多方面的，有运动的(动作技能、习惯的形成)，有情感的(惧怕、喜悦、悲痛等)，有认知的(知识与策略的变化)。导致这种变化的心理机制也是多种多样的，有条件反射、尝试错误，有模仿与领悟、发展与成熟、发现与接受等。引起这些变化的原因也不尽相同，有学习情境和学生自身等多种因素。所以，就目前的学习理论来说，不论是哪一种，都难以解释所有的学习事实。各家的学习理论都有它合理的因素和部分，同时存在一定的片面性和局限性。因此，对于不同类型、不同情境的学习，我们只能用不同的理论来加以说明。不过，现代认知派注重学习内部过程的研究趋向，应引起教育工作者的高度重视。

三、体育学习评价的内容

(一) 体能的评价

发展体能是体育与健康课程规定的重要目标，也是体育健康课程重要的学习内容。学校体育贯彻“健康第一”和“终身体育”的指导思想，将发展体能作为学生学习评价的重要内容之一。

当前的体能评定与以往的体育课中的身体素质与运动能力的考核有较大差异。这里更加注重与健康有关的体能的评价，如心肺耐力、柔韧性、肌肉力量、肌肉耐力、身体成分等。不同学段学生的体能评价可根据各水平的体能发展目标与内容框架，选择合适的体能进行评定。同时，可以参照《中国学生体质健康测试标准》，结合学生的个体基础与进步幅度进行成绩评定。

(二) 知识技能的评价

由于不同水平阶段学生的特点不同，体育与健康知识及技能学习成绩的评定内容也略有差异。学生阶段主要包括对于体育与健康的认识，体育与健康对人、社会的价值和重要性，如身体锻炼对健康的影响等；掌握体育与健康的相关知识并运用于实践的情况，如青春期的科学锻炼方法、营养与健康的关系、从事体育活动时的营养卫生常识等；能掌握符合水平一、水平二和水平三学习目标要求的运动技能以及运用于实践的情况。

(三) 学习态度的评价

从终身体育的角度来看，体育课程的重要目标就是要树立学生对体育的正确认识，使学生形成正确、积极的体育态度，所以，学生对待体育学习与练习的态度应是体育课程学习成绩评价的重要内容，如初中阶段学生的体育学习态度的评价指标主要包括以下几个方面：①能否主动、自觉地参与体育活动？②在体育活动过程中能否全身心地投入？③能否积极主动地思考，为达到目标而反复练习？④能否认真接受教师的指导？

(四) 情意表现与合作精神的评价

提高学生的心理健康和社会适应能力是体育与健康课程的重要目标之一。在体育健康课程中，学生的心理健康主要表现在能否战胜胆怯、自卑的心理，充满自信地进行学习与练习；能否敢于和善于克服各种主观、客观的困难与障碍，挑战自我、战胜自我，坚持不懈地进行学习与练习；能否善于运用体育活动等手段较好地调控自己的情绪等。

在体育与健康课程中，学生的社会适应能力主要表现在能否理解与尊重学生和教师，并在学习过程中表现出良好的人际交往能力和合作精神，努力承担在小组学习与练习中的责任，如为小组的取胜全力以赴；遵守规则、尊重裁判；能不计较胜负，赞扬对手；认真分析失败原因，不埋怨他人；能与他人很好地交换意见。

(五) 健康行为的评价

为了使学生更为系统地学习和掌握健康知识，增强健康意识，形成健康行为和良好的生活方式，在体育与健康课程标准中，除了设置六个运动技能系列外，还有一个健康教育专题系列。因此，学生的健康行为评价也成为体育与健康学习评价的内容之一。学生的健康行为评价内容主要有是否有不良生活习惯(如是否吸烟和酗酒等)，是否学会制定并遵守合理的作息制度，是否注意个人的卫生，是否为维护公共卫生而努力等。

四、体育学习评价的方法

按照不同的分类标准，教学评价可以分为不同的类型。例如，按照评价范围的不同，可以分为广义评价(宏观评价)和狭义评价(微观评价)；按照评价标准的不同，可以分为相对评价(常模参照标准评价)和绝对评价(标准参照评价)；按照评价主体的不同，可以分为自我评价和他人评价；按照评价内容的不同，可以分为单项评价和综合评价；按照评价目的的不同，可以分为预测性评价、诊断性评价、形成性评价和总结性评价；按照评价是否采用数学统计方法，可以分为定性评价和定量评价。教学中要根据不同的需要，采用不同的评价类型。

(一) 相对评价(常模参照标准评价)

1．相对评价的含义

“常模参照”这个名词是在 20 世纪 60 年代流行起来的，主要用于把已有的教育评价模型和新兴的其他模型(特别是标准参照成绩评价)进行对照。常模参照标准评价是以同年级或其他条件相似的一群学生为对象，以通过测量所得分数为根据，取其平均数为常模，并且以此常模为参照点，从而比较、分析学生学习成果的高低。因此，常模参照标准评价是将受评价者的成果表现，依据其在常模或受评价者所属团体中所占的相对位置，来解释其学业成就分数所反映的意义。由于常模参照标准评价是借助他人的分数比较，而决定其在团体分数分配中的相对地位，因此“好坏”“高低”“名次”均是和整体成员相互比较后才赋予的意义。

评优秀课时就常用这种方法。为了鼓励老师们钻研教学，学校组织评优活动。让每个老师自选一种教学方法，让有关老师观摩，然后将各位老师的课与优秀课进行比较，凡是接近或超过优秀教师的课都作为优秀课，这种方法就是相对评价法。比如评价教材，新编《体育》教材比原有教材好，就经常用新的《体育》教材做基准进行比较，这种评价也是相对评价。

2．相对评价的实施步骤

(1) 确定评价的范围。因为相对评价是在一定范围内所做的评价，其评价的标准是依据该范围内的某一水平而选择的，因此，范围的确定是非常重要的，不管是一个班，还是一个小组，这对评价来说都是必要的。同时，这一范围的确定也可以从时间上来把握。比如说，自己同自己的过去比较，也可以确认为一种相对评价的范畴。

(2) 选择适当的评价基准。正因为这一标准是相对的，因而其评价标准也可以是动态的。但选择适当的评价基准才能准确地把握评价对象在体育活动中所处的状态，或通过一个时间段的活动，所达到的结果与过去的结果或与同伴之间的进步程度等。因此，运用这种评价方法，评价主体在对评价客体进行评价时，总要有一定的评价基准。

(3) 检验评价结果。这种评价方法所得出的评价结果，并不一定是其测验的实际结果。比如，在跳远过程中所测得的成绩，其评价并不是针对这一结果，而是相对于这一结果与作为评价基准的某一数字进行比较的结果。在这里可以理解为自身的进步(退步)幅度，也可以是相对同伴的进步(退步)幅度。

3．相对评价的类型

(1) 同伴之间的竞赛。在体育教学中，同伴之间的竞赛是很常见的形式，既有以团体为单位进行的，如小组之间的游戏比赛，也可以在个人之间进行。这些形式，对其结果的要求，只在乎其超过了对手，并不在乎竞争者一定要达到一个什么样的结果(绝对的标准)，如小组之间的拔河比赛，一组赢了，说明其比对手强。

(2) 个体差异性比较。人与人之间差异的存在是绝对的，有先天因素，也有后天因素。相对评价的这一类型，就是要尽可能在排除评价对象之间差异性的基础上进行评价，如对进步幅度的比较，首先是承认评价对象之间的差异，评价是针对一段时间后，评价对象之间的差异是缩小了还是增大了，对这一缩小或增大的结果进行评价。

4．相对评价的优缺点

常模参照标准评价有助于学生看到自己通过努力所取得的进步，建立学习的自信心和自尊心。体育课程关注的正是学生的进步与发展，因此，学生体育学习采用常模参照标准评价更能发挥评价的积极作用。相对评价是在某一类评价集合的内部将集合中各个元素与特定的元素进行比较，或者把评价对象排列起来。这种评价方法，无论这个集合的整体情况如何，都可以进行评价，因而适应性强，应用面广。

但是，相对评价也有很大的缺点。因为相对评价的实质是“从矮子里拔高个”，然而所拔出的“高个”未必是真的“高个”。所以，这种评价方法容易降低客观标准。其次，相对评价的结果并不表示被评价者的实际水平，只表示他在集体中所处的位置，因而这种评价容易使被评价对象产生激烈的竞争。

(二) 绝对评价(标准参照评价)

1．绝对评价的含义

绝对评价是以教师事前制定的标准为衡量依据，考验个别学生的学习是否已经达到要求，从而判定其成绩及格或不及格。由于标准参照评价是以学生达到某一个明确目标加以评定，因此，评价时要预先明确陈述切合实际的规则、层次。由于是与既定的标准比较，和其他同学的能力表现无关，因此这是一种个别的、自我责任式的数学评价。

绝对评价是在被评价对象的集合之外确定一个标准，这种标准被称为客观标准，在评价时，要把评价对象与客观标准进行比较。绝对评价是不照顾评价对象集合的整体状态的。设绝对评价的元素是 A_1，A_2，A_3，…，A_n，而预定客观标准是 M_0，则各元素 A_1，A_2，A_3，…，A_n 相对于预定的客观标准 M_0 进行比较。与相对评价相比，M_0 是固定的，其标准是客观的。

2．绝对评价的实施步骤

(1) 建立评价体系的层次模型。确定要将评价对象分为几个层次，如优、良、中、差就是四个层次，则要根据这四个层次确定相应的评价体系。在一些主观评价中，同样要确定一定的用以区分不同等级(层次)的模型．以能够对不同评价对象确定评价等级。

(2) 构造各个指标层的两两比较矩阵，得到各个指标的权重。在评价体系中，根据评价对象的特点，选取不同的评价指标，作为构成评价体系的各要素，如在体育考试中，选择跑、跳、投作为考试内容，各项目在其体育考试中所占的成绩比例有多大(权重)；在评价学生体育总成绩时，体育与健康课程标准规定的五个方面的评价内容，在不同学段所占的比例(权重)为多少。

(3) 设定指标实现程度的级别并确定指标评价等级各级别的权重。研究中采用定性的方法将指标评价等级(即层次结构中最低层次元素)分为三个层次：一般、较好、好，以便于专家评价时的具体操作。在此基础上，应用层次分析法计算出这三个层次的权重(指标评价值)，以便于后续上级指标的量化计算。

(4) 计算各层元素(指标)的组合权重。由上而下逐层计算递阶层次结构每一层次中所有元素相对于总指标的组合权重，最终计算得出最低层次元素，即指标评价等级相对于总指标的组合权重。

(5) 对各层元素进行整合。对每个系统相对于每一个不可再分(解)指标的实现程度做出判断，给出相应的评价等级，得到该指标相对于总指标的组合权重，然后进行绝对分数的计算和统计。

3．绝对评价的方法

(1) 对不同的学生可以采用不同的客观标准。无论是在先天方面还是在后天方面，学生之间都是存在一定差异的。如果我们要求学生达到同一客观标准，那么某些学生就会因与这一客观标准之间的差距太大而对自己失去信心，对学习失去兴趣，当然更谈不上创新了。如果我们对同一年级的学生采用不同的客观标准，如将考试试卷分为A、B卷或A、B、C卷(难易程度不同)，那么，学生就可以根据自己的实际水平自由地选择客观标准。这样，我们就能使学生与各自的客观标准的差距水平大致相同，使学生保持正常的心理状态。

(2) 不同的学生可以异步达到客观标准，即应允许学生提前或落后一步达到同一客观标准。对于提前达到标准的学生，我们应为其创造一切可能的条件，引导和鼓励他们进行创造性的学习，拓展学习领域，并逐渐形成自己的特长。对于“落后一步”的学生，一方面我们不能歧视他们，另一方面要引导他们对照客观标准找出自己的问题所在，帮助他们制定新的学习计划，促使他们早日“达标”。这些同学尽管在达标时间上比其他同学滞后，但如果最终的结果是好的，他们会获得成功的感受。

所有学生均可(在一定范围内)暂缓达到某一客观标准。为了促进学生的长远发展，有时采用让所有学生均暂缓达到某一客观标准的做法也是可行的，如在《体育与健康课程标准》中，水平三的同学们普遍达不到水平二的要求，因此，只能依照水平一的要求来完成，再在完成水平二目标的基础上，进行水平三内容的学习，最终实现目标。

4．绝对评价的优缺点

绝对评价的标准比较客观。如果评价是准确的，那么评价之后，每个被评价者可以明确自己与客观标准的差距，从而激励被评价者积极上进。

但是，绝对评价也有缺点，最主要的是客观标准很难做到真正的客观。特别是由于遗传等因素，学生的运动能力表现存在着极大的差异，很大程度上不以学生的学习态度和学习行为为转移。

(三) 档案评价

档案评价，也被称为档案袋评价，这种评价方法是 20 世纪 80 年代在国外学生中开始使用的。档案评价重视反映学生学习的历程，并透过学生的自我反省使之为自己的学习负责，是当前体育课程教学中应用十分广泛的一种新兴的教学评价方法。

1．档案评价的含义

档案袋，是一个收集了学生一学年或一学期关于体育课程学习相关内容的文件夹。档案袋中系统地、持续地记录着学生在体育课程学习中努力、进步的情况，学生在学习过程中所做过的努力与成果皆可列入档案中。档案袋除了能呈现学生的学习成就外，亦可用以展现学生在一段时间里进步、改善的情况。档案评价可以真实记录每个学生关于体育课程的学习历程，这种评价方式注重评价与教学的有机结合，强调学生的参与，从而表现出强大的生命力。可以这样说，档案评价一方面能够记录学生在体育课程学习过程中的成败，让学生体验成功，感受成长与进步，另一方面也为教师和其他人提供了丰富多样的评价材料，使教师能够更开放地、全面地评价每一个学生，同时让家长有机会从不同的角度，以有效且有组织的方式看到子女在体育课程上的学业成果。在体育课程教学评价中引入档案评价，不仅可以为体育课程的开发提供重要的资源与素材，促进教学与评价的有机结合，而且有利于培养学生自我评价与自我反省的能力，对促进教师成长和学生发展具有重要的现实意义。

2．档案评价原则

在体育课程实际教学评价中，利用档案评价来评价教学需要遵循一定的原则，具体如表 5-1 所示。

表 5-1　体育课程档案评价的评价原则

名称	具体内容
评价方式的多样性	档案评价不再是完全由教师支配，而是强调学生自主评价，学生互相评价和教师评价的有机结合
评价指标的多元性	学生具有个体差异性。教师应该全面衡量每一个学生，使每个学生都有机会展现自己，感受成功的喜悦
评价过程的客观性	在体育课程教学评价中，教师应该引导学生学会客观地评价自己和他人
评价活动的简易性	档案评价注重学生在体育课程中的学习过程和进步状况，并不代表每次活动都要让学生填写表格，记录活动进展状况并做自我评价。过分追求资料完整的做法，只会使学生厌烦，降低他们对体育课程的学习兴趣。评价活动应该简单易行，符合学生的实际年龄特点和认知规律，便于学生掌握与操作，也便于教师开展工作
评价内容的全面性	档案评价的内容不能只偏重于某一类，要注重收集学生在体育课程实际学习环境中全面的学习状况和成果，综合反映学生的知识、能力以及情感的变化，从而为评价学生提供全面的依据
评价管理的规范性	由于学生自身所具有的特点和天性，如果由学生保管档案袋，则有可能丢失或减少它的真实性，因此在资料的收集过程中，应由教师来保管。但是一学期结束后或一次成果展示结束后，学生可以把档案袋带回家，同父母一起分享进步的快乐

除了遵循上述原则以外，还应特别强调教师的重要作用。由于学生的思想和思维还不成熟，进行档案评价时，他们往往不知道应该从哪些方面入手进行自我

反省。因此，如果教师不给予正确的引导，完全由学生在实际体育课程中进行自我评价，会让档案评价流于形式，影响其真实性，从而不能有效地反映学生的学习情况，所以教师的引导是必不可少的。教师可以采用提问的方式，引导学生有针对性地评价自己的具体状况。比如，在学生进行某项体育课程专题研究时，教师可以提出这样一些问题："你觉得自己在这次学习中学到了哪些知识？""面对学习上的困难，更多的是你自己解决还是求助于别人？""为了处理这个问题，你会采取哪些办法？"……通过一系列的问题，教师就能够引导学生自我反省，也能通过学生的回答来真实地反映学生的学习情况，建立可靠的评价依据。

3．档案评价步骤

(1) 建立学生档案袋。在体育课程教学评价中，"档案袋"用资料袋或文件夹之类均可，教师应在实际教学中指导学生把情况资料分别放入各小袋中，如学习记录小袋、小组评价小袋、教师评价总结小袋等。总之，要做到分门别类，便于今后的查找和分析。学生档案袋涉及的内容应包括学生体育课程的课内学习情况记录和课外学习情况记录两大类。课内情况记录包括上课情况记录表、教师对学生学习情况的评语、学习的成果等；课外学习情况记录包括体育课程相关资料的收集等。

(2) 定期开展档案交流。在体育课程的教学评价中，为进一步提高学生对档案评价的兴趣，还应经常进行档案交流，主要有两种交流方法：学生以小组为单位交流自己的收获，介绍自己档案袋中的作业，然后由各小组选出代表在全班交流，给每一个学生以展示自己学习成果的机会；在家长会中展示学生的体育课程档案袋，让家长有机会参与、肯定，达到相互促进的目的，这也有利于学生对体育课程产生更浓厚的兴趣。

(3) 建立教师档案袋。在体育课程实际教学中，教师在进行教学评价的时候，不但要求学生建立档案袋，自己也应该建立档案袋，其内容应包括体育课程档案评价的研究计划，个别学生的实际表现，档案评价在体育课程中的研究记录，开展体育课程教学活动的反思等。建立教师档案的一个重要作用是创造了与学生进行档案交流的机会，对学生起一定的指导示范作用。

(4) 教学活动与档案评价结合。好的教学评价方式可以大大提高体育课程的教学效果，档案评价必须为提高实际教学效果服务。在体育课程教学中，应采用适合体育课程特点、便于档案评价实施的一些具体方法，具体如表 5-2 所示。

表 5-2　档案评价实施的具体方法

名称	具体内容
测评结合法	在体育课程教学中，要改变以往的“达标”考试方法。针对不同的要求，采用采纳平时成绩等方法，着重检查学生的学习态度，体育兴趣的提高，运动习惯的养成等。教师课后应及时记录，并归入学生的个人档案
评定表现法	教师根据学生的实际表现，直接做出评定，可以是描述性的，也可以是划分等级的，表格可根据需要设计
小组评价法	通过分组讨论，学生之间进行相互评价
观察记录法	教师将观察到的学生在日常体育课中的表现，特别是反映学生独特见解的情形等及时记录在案

档案评价过程是一个动态的过程，教师应该根据学生的学习情况不断调整相应的体育课程教学设计和评价方案。

4. 学生档案的建立

(1) 学生档案的内容构成。档案是学生对自己的体育课程学习过程的收集和反思，也是教师进行评价的工具。学生档案因学生具体学习的差异而有所不同，但就其内容格式来说是一样的，由六个部分构成，具体如表 5-3 所示。

表 5-3　学生档案内容构成

序号	组成部分	具体内容
1	导论部分	提示档案内容，具体阐明档案中收集哪些信息和内容
2	目录部分	以大纲的形式显示档案中的内容，一般应配有页码
3	主体部分	主体核心内容是每个学生档案中必须包含的体育课程教学评价的内容，为自我评价和教师的总结提供依据
		主体选择内容是学生自己选择的、最能反映学生关于体育课程的学习过程的资料
4	日期部分	在体育课程教学评价中，对于每次收录在档案中的信息都要标明相应的日期

续表

序号	组成部分	具体内容
5	思考部分	在教学过程的不同阶段，需要指导学生进行思考。引发学生思考的问题可以包括“对于体育课程，我知道了什么？”“在实际生活中我应该怎么做？”等
6	总结部分	学生档案虽然是学生自主建立的，但其中也应包括其他学生和教师对该生的评价

(2) 学生档案的设计类型。在体育课程教学评价中，学生档案的具体实施效果与学生的自我评价能力有很大关系。学生所处的年龄阶段不同，各年级体育课程内容不同，学生的自我反思和评价的能力也各不相同，学生档案可以根据对学生反思能力的不同要求而设计成不同的类型，具体如表 5-4 所示。

表 5-4　学生档案设计类型

类型	具体类型内容	教师指导要求
设计思考类型	要求体现学生对体育课程学习过程的思考。学生是档案的设计者，学生自己选择能体现其解决问题的过程和能力的资料，并说明原因。这种类型对学生的组织设计能力和思考能力要求很强，适合于高年级学生	要求教师在实际教学中规范学生自我评价的全过程
能力发展类型	要求体现学生在不同学习阶段的能力发展情况。通过学生收集的信息来体现其学习情况的变化与发展。在设计此类档案时，要求教师具体地规定学生所要达到的体育课程学习目标。在实际体育课程教学环境中，教师可以根据学生的不同能力来选择是否设计提示信息及提示信息的呈现方式。这种类型对学生的反思能力有一定的要求，适合于高年级学生	要求教师在实际体育课程教学中明确评价目的，并使学生了解和接受该评价目的，使之成为学生的努力方向
过程指导类型	要求学生全面地展示体育课程学习情况的过程。教师为学生提供指导性的信息，学生根据教师的提示进行资料的收集和选择。这类档案的特点是教师的控制性强，相对来说，对学生的反思能力要求低，学生只要能根据教师的要求认真地进行记录和反思就可以完成。教师在体育课程实际教学评价中，既要考虑反映实践活动的情况，又要引导学生进行自我反思。适用于低年级学生	要求教师在教学中全面统领学生的学习和评价过程，并给学生以适当的引导和提示，启发学生的反思性思维

总之，在体育课程教学评价过程中，不同类型的学生档案对学生反思能力的要求不同，各类学生档案都有其适合的目标人群。教师应根据学生的年龄、特征以及学生的具体情况选择不同的档案设计来进行体育课程的教学评价。

(3) 学生档案中的教师评价。在档案评价中，教师如果将每个学生进行评价后的档案袋内容都折合成一个分数来评价学生，这无疑又是考试评价的另一种形式，既体现不出档案评价关注学生学习过程的优势，也达不到我们使用这一评价方式的真正目的。档案袋内的各种资料实际上是学生关于体育课程学习上所付出的努力及对获得的学习结果的总结。教师应该集中一段时间，根据学生收集的资料给予总结，并将这些总结反馈给学生。通过这种反馈，引导学生找到需要改进的地方，增强其继续学习体育课程的兴趣。教师总结包括过程性总结和结论性总结。结论性总结一般在档案收集的后期一次性地给予，而过程性总结则是在档案生成的过程中定期地给予。相对于结论性总结来说，过程性总结不是简单地给予学生结论性的定位，而是有效地引导学生学习，对学生的指导性更强。教师的过程性总结需要注意以下几个问题：

第一，灵活运用总结方式。一般来说，教师的总结可以有多种形式，具体划分如表 5-5 所示。

表 5-5　教师总结的形式

形式		具体内容
小组总结	优点	教师易于把握全体学生关于体育课程的学习状况，并且可以给予有效的指导
	缺点	由于针对的是全体小组成员，因此在实际体育课程教学中对个人的针对性弱
个人总结	优点	个人总结针对性强，可以为学生进行个别指导
	缺点	由于教师受时间、精力的限制，学生在实际体育课程教学中无法得到较多的指导，教学效果不明显
口头总结	优点	教师可借助与学生之间的直接交流，深入地了解学生的思想和学习情况
	缺点	面对面的方式容易给学生造成心理压力，学生可能出于各种心理原因而不愿意接受
书面总结	优点	在实际教学中，教师可以给学生以亲密感，交流可能会更深入，学生更容易接受
	缺点	不利于教师直接了解学生的实际学习情况，缺乏及时性，有可能出现总结的偏差

总而言之，这几种总结形式各有利弊，又相辅相成、互相补充，教师可根据实际情况灵活运用。

第二，恰当处理好总结的次数。总结的次数也是影响体育课程教学评价效果的重要因素。一定数量的总结促进学生关于体育课程学习观念的变化，但是其效果并不是随着次数的增加而提升的。总结的频率过高，学生无法对教师的总结做出及时反思，评价仅仅起一种规范和管制的作用，失去教师总结的真正意义。而如果总结的频率过低，又会使学生缺乏指导。所以，教师要根据体育课程的实际情况确定总结的频次。

第三，采取肯定性的总结。档案评价的目的之一是让每个学生在体育课程的学习和评价过程中体会成功，因此，教师在总结中应尽量采取鼓励性和启发性的语言，让学生体验到教师对自己的肯定。

(4) 学生档案中的小组评价。在体育课程实际教学中，分组讨论是一种常用的教学形式。因此，小组评价也是学生档案中不可缺少的一部分，在小组评价中学生不仅可以反思自己在小组中的行为，也可以评价小组其他成员的行为表现。小组评价中重点考察的是学生在小组讨论中的表现、相关教学资料的准备、解决问题的能力，以及对解决小组问题所起的作用。小组评价要注意以下几个方面的问题：

评价环境的形成是一个渐进的过程，其目的是使小组评价公正、有效地进行，这是在评价过程中小组成员相互信任的基础上形成的。班级民主气氛是小组进行公正、有效地评价的重要环境因素，因此教师应当努力促使其形成。

学生的表现状况分为学生代表的作用和自卑学生的表现两种状态。学生代表是指那些在小组决议中起实质性作用的人，其在小组评价中起主导作用。在体育课程教学评价过程中．小组成员对同伴的评价往往与学生代表的评价一致，这可能会影响小组评价的真实性。因此，在体育课程教学中，教师要控制学生代表在小组中的作用，使小组评价真正反映各个成员的真实表现。

在体育课程的实际教学中，有些学生在小组讨论中表现出自卑感，他们在小组中的表现平平或几乎不发言，然而在小组评价中往往体现不出这一点，因为小组中的其他成员替代了小组中具有自卑感学生的作用。所以，在教学中教师要注意这些学生的表现，让他们承担一些任务，鼓励其在小组中发言。

评价制度的建立。小组评价制度的建立是小组评价有效性的重要保证。在体育课程实际教学中，规范的小组评价制度可以使小组评价有规律、有序地进行，避免无意义的争论。小组评价制度可以在教师的指导下建立，也可以由小组成员协商决定，但其制度、规范、评价指标必须体现在学生的档案中。

5. 档案袋评价的优缺点

档案袋评价克服了传统考试离散性、片面性、单一性的缺点，强调评价与教学的有机结合；强调学生的学习过程评价；强调学生的参与，从而表现出强大的生命力。

档案袋评价是师生“实践——反思——发展”的过程，不仅让学生取得了进步，教师通过此项活动也会得到提高。

档案袋评价可以为课程开发提供重要的资源与素材，促进教学与评价的有机结合，而且有利于学生自信心、自我评价与自我反省能力的培养，对促进教师成长和学生发展有重要的现实意义。

让学生和家长自行参与评价，可以调动家长资源，端正学生学习态度，让学生享受到学习的乐趣、成功的喜悦，也为学生个体的发展创设了良好的环境。

学生收集和整理档案袋资料的能力以及参与档案评价的积极性存在一定差异，教师要培养每一个学生的主动参与意识，因为调动每一个学生的积极性是一项困难的任务。

档案袋的制作很烦琐，需要收集的内容太多，对内容的选择、整理、分析都会花费教师大量的时间，对教师的业务水平也提出了较高的要求。

(四) 身体—运动智能评价

身体—运动智能是使我们能够控制和理解身体的运动，操作物体以及在身心之间建立和谐关系的一种能力。古希腊的斯巴达人将其文化建立在对身体、外貌和表演的重要性的认识上。在现代社会，奥林匹克运动延续了这一传统。然而，有人认为这项智能的发展仅限于体育运动，其实不然，试想：一个外科医生若不能用精确的细微动作来实施一个复杂的心脏手术，或者一个飞机驾驶员不能很好地操纵仪器，那将会导致多么可怕的后果。

1．身体—运动智能的意义

当今社会日益成为一个消费的社会，学生被动看电视和吃零食的统计结果很清楚地表明，现在的年轻人需要多种方式来发展健康的生活。在传统体育中，健康和体育被认为是那些运动尖子的事情，但是当学生的不良的健康态度和习惯所带来的严重后果为人们所重视时，就很有必要在课程中开设综合健康课。

塑造一个健康的身体比应对健康状况不佳所需要的花费要少。在学校里，传统的做法是把所有发展身体—运动智能的责任都推给了体育课和体育部门，这是远远不够的。在人们寿命日益延长的现代社会，早年形成良好的生活方式是很重要的。健康的心理寓于健康的身体，那些在早年形成积极健康习惯的人会把这些习惯贯穿人的一生，这些习惯对老年的低风险生活方式是很重要的。因此，应该鼓励年轻学生把积极的、健康的生活建立在身心健康的原则之上。在这种情况下，每个学生都可以成为一个运动员，而不是一个超级明星；每个学生为了一生的健康，都应养成良好的习惯和态度来发展身体—运动智能。

当学生积极地投入体育运动中时，他们就是在发展身体—运动智能。允许所有的学生练习新的技能和学习新游戏的校内体育项目是一个重要的开端。从角色扮演和模仿跨出一步就能让学生模仿历史或文学中的一个角色，或把一个抽象的自然科学原理用具体的肢体活动表演出来。当运用这一方法时，身体—运动智能丰富了学生的知识概念，增强了记忆能力。

2．发展身体—运动智能的原则

(1) 创造性和原创性。在创建运用身体—运动智能解决问题的活动中，新颖的表演是有效的教学工具。原创性是指当学生用身体的动作呈现一种观点时，给人的初次感觉和这项智能活动无关。而在活动过程中，逐渐能够理解相互的关系。

(2) 坚持性。身体—运动智能通常涉及以学生为中心的、动手参与的经历。

学生是否能坚持这项任务？当在前进过程中遇到困难时，学生是否很容易就放弃？如果一种方法行不通，他是尝试另一种方法还是坚持寻求帮助？例如，学生在学习投篮活动中，一些学生已经有了很高的运动技能，投中对他们来说是一件非常容易的事情。但若要让他们站在罚球线上来投篮，这对他们来说就是一个艰巨的挑战。这不仅需要练习，还需要坚持不懈的练习。当球投向目标的时候，学生经过长时间的练习都能把自己的命中率提高到70%或更高的水平。

(3) 灵活性。在身体—运动智能中，灵活性是主要的标准，需要教师和学生来评价可用于展示技能或执行一项任务的不同方法。例如，在防守一个对手时，篮球运动员可能采取多少种不同的方式呢？

3．发展身体—运动智能评价的内容

身体—运动智能的内容有很多，根据不同的标准可以分为不同的类型。作为对身体—运动智能的评价，这里根据身体素质和人体基本活动能力分为以下几点。

(1) 综合协调智能。在日常生活中，有关综合协调智能的表现很常见，如学生“正步走”中的“同手同脚”现象；体育活动中这类情况更多，如投掷练习中的发力顺序能否正常，游泳中能否较好地控制上下肢的配合等。

(2) 平衡稳定智能。在学习骑自行车时，有的人学习起来快，有的人则相反。这突出反映了一个人的平衡稳定智能的情况。体操运动中有许多项目对平衡稳定智能的要求非常高。

(3) 速度反应智能。在接力跑中，尽管影响成功交接棒的因素有很多，但速度反应智能起着非常重要的作用，要求人在高速运动状态下，迅速而准确地将接力棒交接成功。

4．发展身体—运动智能评价的优缺点

身体—运动智能的责任都推给了体育课和体育部门，这是远远不够的。在人们寿命日益延长的现代社会，早年形成良好的生活方式是很重要的。健康的心理寓于健康的身体，那些在早年形成积极健康习惯的人会把这些习惯贯穿人的一生，这些习惯对老年的低风险生活方式是很重要的。因此，应该鼓励年轻学生把积极的、健康的生活建立在身心健康的原则之上。在这种情况下，每个学生都可以成为一个运动员，而不是一个超级明星；每个学生为了一生的健康，都应养成良好的习惯和态度来发展身体—运动智能。

目前发展身体—运动智能测评也存在诸多问题：在测评中主观色太浓；测试实施起来费时费力，不能广泛使用；测评项目不能很好测量出运用身体运动智能解决问题的能力；测评对象多针对年龄较小的学生，对高年龄段的学生关注较少这样几个问题。

第六章 体育教学资源的开发与利用

第一节 体育教学资源的含义与分类

我国在21世纪基础教育新一轮课程改革中，把课程资源问题提到了一个非常重要的位置。当前，一个重要的课题就是强化课程资源意识，提高对课程资源的认识水平，因地制宜地开发和利用各种课程资源，更好地实现课程改革目标。在学校体育课程改革的过程中，人们不断体会到体育课程资源的开发和利用，无论是实现国家课程、地方课程还是校本课程的建设，都是实现体育课程目标的重要保障。

一、体育课程资源的含义

体育课程资源是一切能够支持和拓展体育课程功能的各种事物的总称。广义的体育课程资源是指有利于实现体育课程目标的各种因素，狭义的体育课程资源则仅指形成体育学习内容的直接来源。具体来说体育课程资源是体育课程设计、实施和评价等整个体育课程与教学过程中可利用的一切人力、物力及自然资源的总和，包括教材、教师、学生、家长以及学校、家庭和社区中所有有利于实现体育课程目标，促进体育教师专业成长和学生有个性的全面发展的各种资源。

对课程资源问题的研究，于20世纪70年代起源于美国。目前最近认为对课程资源认识较早的是美国课程专家泰勒先生，他从现代教育的思维观出发，认为课程计划来源于对学习者本身的研究、对校外当代生活的研究和学科专家的建议这三个方面。在此基础上，美国学者坦纳夫妇和塞勒从社会、知识和学习的本质提出了课程来源的基础是“社会、学生和知识”。之后，英国课程专家理查兹等提出课程来源于学科内容、学生、教师、环境以及这些要素间的相互关系。中国台湾学者黄炳煌认为，课程来源于心理学、社会学、哲学和学科知识结构，学科知识结构与哲学领域中的认识有着密不可分的关系。上述这些早期的认识和观点，粗略地勾画出了课程资源的雏形。从现代课程论研究成果看，对课程资源概念的认识有以下几种观点。其一，课程资源概念有广义和狭义之分。所谓广义的课程资源是指有利于实现课程目标的各种因素。狭义的课程资源仅指形成课程的直接因素来源。其二，课程资源是指可以进入课程活动，直接成为课程活动内容或支持课程活动所进行的物质和非物质的一切。其三，课程资源是指形成课程的要素来源，以及实施课程的必要而直接的条件。

二、体育课程资源的分类

课程资源可因不同的分类标准分成不同的种类，这些种类相互交叉、相互渗透。目前对课程资源类型划分的方式主要有三种。一是按存在的方式，将课程资源直截了当地分为有形资源(如教材、教具、器材设施等)和无形资源(如知识和经验、态度、能力等)：二是按功能特点，将课程资源划分为素材性资源和条件性资源两大类．前者指知识、技能、活动方式与方法、情感态度、价值观等，后者有人力、物力、财力、场地设施等；三是按时间、空间分布的不同，将课程资源划分为校内资源(如教师、学生、教学挂图、教材、场地器材设施等)、校外资源(如公共图书馆、家长、其他学校的设施、社区场地设施、活动中心等社会和自然资源)及网络资源(如多媒体、网络化的以网络技术为载体开发的校内外资源)。根据不同的标准，也有其他的分类方式(表 6-1)。明确课程资源的分类，有利于学校和教师建立起科学、合理的课程资源观念，有助于课程资源得到有效的拓展和整合，从而对体育与健康课程的实施产生实效。

表 6-1 体育课程资源的分类

<table>
<tr><th>一级指标</th><th>二级指标</th><th>三级指标</th><th>四级指标</th></tr>
<tr><td rowspan="7">物质的</td><td rowspan="4">体育课程人力资源</td><td>体育课程人力需求资源</td><td></td></tr>
<tr><td>体育课程人力供给资源</td><td></td></tr>
<tr><td>体育课程人力配置资源</td><td></td></tr>
<tr><td>体育课程人力开发资源</td><td></td></tr>
<tr><td rowspan="3">体育课程物力资源</td><td rowspan="3">体育课程物质资源</td><td>体育课程设施资源</td></tr>
<tr><td>体育课程信息资源</td></tr>
<tr><td>体育课程财力资源</td></tr>
</table>

续表

一级指标	二级指标	三级指标	四级指标
物质的	体育课程物力资源	体育课程自然地理资源	政府财力资源
			社会财力资源
			学校财力资源
非物质的	体育课程思想资源	体育哲学思想资源	
		体育人文思想资源	
	体育课程知识资源	健康知识资源	
		运动技术知识资源	
		体育人文社会知识资源	
	体育课程经验资源	学生经验资源	
		教师经验资源	
		其他教育者经验资源	

课程资源既是学生获得知识、信息和经验的载体，也是课程实施的媒介。可以说，课程资源的合理开发与有效利用是任何课程目标顺利达成的必要条件。但是，并不是所有的资源都是课程资源。只有那些真正进入课程，与教育教学活动联系起来的资源，才是现实的课程资源。

第二节　人力资源的开发与利用

一、人力资源的科学内涵

(一) 人力资源的定义的双重思考

关于什么是人力资源(human resource)，学术界尚存在着不同的认识和看法。人力资源这一概念最早是由美国经济学家约翰.康芒斯提出，首次将过去的“劳工等同于生产工具”的想法转变为“有价值的极高的资源”。而后，1954 年，管理大师彼特·德鲁克正式地在《管理的实践》一书中提出了人力资源的概念，并强调需要把人看作是一种特殊的资源，还要重视人的“人性面”。而后又有学者从经济学，人口学，素质观的角度对人力资源进行了界定，众说纷纭。我国学者主要从能力和人的角度对人力资源的含义进行了界定。

1．人力资源的能力视角界定

从能力的角度来界定人力资源的含义，也称为劳动能力论，偏重于强调人力资源质量的方面，持这种观点的专家和学者比较多。主要有以下几种观点：

第一，人力资源是指能够推动整个经济和社会发展的劳动者的能力。

第二，人力资源是指内含在人体内的一种生产能力，对经济、对社会生产活动起到决定性的作用的能力。这种生产能力的大小同劳动者的数量和质量正相关。

第三，人力资源是指可用于人类生产产品或提供服务的技能、知识和活力。

第四，人力资源是指企业员工天然拥有可以直接投入在劳动过程中的体力、智力、心力的总和，涵盖了知识、经验、技能、个性与品德等方面的身心素质。

总之，所谓人力资源就是指人所具有的对价值创造起贡献作用并且能够被组织所利用的体力和脑力的总和。

2．从人的视角定义人力资源

人的视角主要是从人的角度来界定人力资源的概念，偏重强调人力资源数量的方面。具有代表性的观点主要有：人力资源是指在一定社会区域内所有具有劳动能力人口的总和，包括适龄劳动人口和超过劳动年龄仍具有劳动能力，继续从事劳动的人口；人力资源是为企业提供服务，有利于企业实现预期经营效益的员工和顾客的总和。

综上所述，人力资源既可以指人，也可以指存在于人身上的各种能力，能力依附于人这个载体之上，离开人这个载体，能力也无法单独存在。

(二) 人力资源的构成

同样，人力资源的构成也可以从质量上和数量上两个角度进行分析：

1．以人力资源质量(员工能力)为切入

人力资源的构成，可以分体力和智力两个方面。或者从现实的应用的角度来说，分别是体质、智力、知识、经验和技能等。

体质指身体素质，体力、体能和活力；智力指一个人的智慧程度，对工作和学习期基础性作用的能力；知识是指一个人的知识广度和知识深度；经验是指一个人过去从事过何种工作，担任过何种职务，取得过何种成绩。技能则是指一个人表现出来的可以操作化的能力，是完成工作任务的具体能力。

2. 以劳动力数量为基础

宏观意义上，一个国家或地区的人力资源的构成包括以下几个方面：

(1) 适龄就业人口，指处于劳动年龄之内、正在从事社会劳动的人口。我国法律规定年满 16 周岁为成年人，可以参加社会劳动和就业，60 岁为法定退休年龄，所以，我国适龄就业人口的劳动年龄为 16-60 岁。

(2) 老年就业人口，指已经超过劳动年龄、继续从事社会劳动的人口。

(3) 未成年就业人口，指尚未达到劳动年龄、已经从事社会劳动的人口。

(4) 待业人口，指处于劳动年龄之内、具有劳动能力但尚未参加社会劳动的人口。如失业尚未找到工作的求职人员或毫无就业意愿的待业人员。

(5) 就学人口，指处于劳动年龄之内、正在从事学习的人口。如处于求学阶段的大学生。

(6) 家务劳动人口，指处于劳动年龄之内、正在从事家务劳动的人口。如全职太太。

(7) 军队服役人口，指处于劳动年龄之内、正在军队服役的人口。主要指现役军人。

上述前三部分人，构成就业人口的总体，也是现实的人力资源。后面四部分是间接的，尚未开发的，潜在的人力资源，在适当的情况下可以转化为现实的人力资源。

(三) 人力资源的主要特点

至于人力资源的特点，我们认为人力资源是一种特殊资源，同其他资源相比有以下特征：

1. 工作经验的积累性

人力资源是一种有生命的“活”的资源，它以人为载体，存在于人体之中，与人的生命发展过程紧密相关。此外，人力资源生物性还表现在人力资源的再生性。人类的繁衍使人力资源生生不息；人力资源在开发利用的过程中也是一个自我更新，持续再生的过程，通过学习更新知识，通过工作积累经验，提高能力。

2．工作能力的时效性

人力资源的形成、开发和利用受到了时间因素的限制。从人的生命周期来讲，人力资源的形成与积累需要一个过程(形成期)，当人力资源积累到足以被开发利用的时候，投入到社会生产过程中才会产生效益和效果(开发期)。而当人进入老年，其体力和脑力都不断衰退，不能从事体力或脑力劳动(衰退期)，也就谈不上发挥作用了。一般而言，最佳的人力资源开发和使用的时间是 25 岁到 45 岁。人力资源的管理与开发必须要尊重人力资源的这一特征。

3．工作的主观能动性

人力资源之所以能区别于其他的自然资源、社会资源，最主要是因为人力资源是有目的，有计划地使用自己脑力和体力的生命体。这种特性就叫作能动性。其他资源在其被开发和利用的过程中，完全处于一种被动的地位。人力资源则不同，他具有思想，思维和情感，能主动地有意识地去利用其他资源，能创造性地提出全新的办法，加速社会的进步和经济的发展。人力资源的能动性主要体现在通过学习提高个人能力；根据爱好和特长选择职业；积极劳动，创造性的完成工作任务。

4．工作需求的社会性

人力资源具有社会性，是指人所具有体力和脑力尤其是脑力明显地受到时代和社会因素的影响。人既有人性的一面，也有社会性的一面，认识到人的社会性，就应当考虑到人力资源的社会性需求，只有满足了他们的这些需求才能更大的激发他们的工作热情。

(四) 人力资源的分类

人力资源按重要性程度分为：突破性资源、关键性资源、基础性资源和外围性资源(图 6-1)。突破性人力资源指能给企业带来革命性、转折性的人才，这样的人在企业中占极少数甚至没有，如激烈竞争行业中的总经理、高科技行业中的技术负责人、市场导向企业中的市场负责人等。关键性人力资源是指在企业中起关键作用的人员，他们是企业的主要高层领导、主要职能部门负责人和主要业务部门的负责人，或技术骨干。基础性人力资源是指给企业做基础性工作的人员，他们是企业人员的主体——普通员工。外围性人力资源是指企业出于非经济性目的而安排的就业员工或者企业外部可控的潜在人力资源，如福利性机构人员、企业所在地本行业劳动力市场上的求职人员。

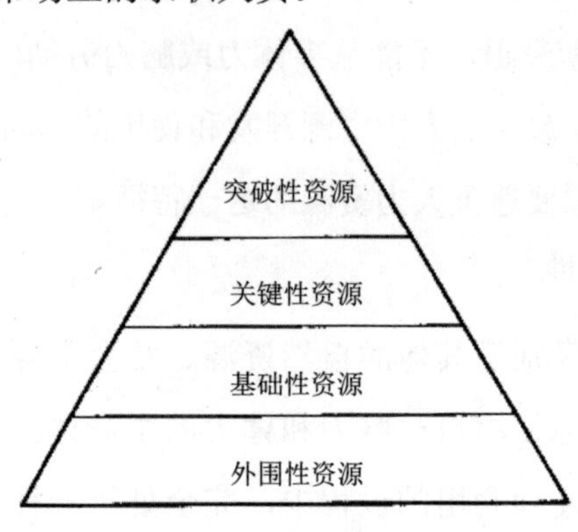

图 6-1　人力资源的分类[①]

人力资源的分类并没有截然的标准，但把人力资源按照四种类型分类进行管理是相当重要的，这样会使企业在人力资源管理中抓住主要矛盾，把握主要矛盾的主要方面，以最少的投入解决最根本的问题。

二、体育课程人力资源的开发与利用

体育课程的人力资源包括：体育教师、学生、家长、班主任和其他有一定体育特长的教职工、校医、校外体育专家、社会体育指导员、运动员、教练员、医生，以受有一定体育特长的社会其他人员等。他们的知识、智力以及体力等都可以通过开发进入体育课程。

（一）体育教师

体育教师不仅是课程的实施者，也是课程的组织者和开发者。体育教师是最重要的体育课程人力资源。在体育课程资源的开发过程中，教师的素质决定了课程资源的识别范围、开发与利用的程度以及效益发挥的水平。开发人力资源就是

[①] 唐东方．人力资源管理使用操作经典[M]．北京：人民出版社，2006，第 5 页。

要充分挖掘人的潜能，发挥人的多种作用，体现人的多种价值。对体育教师潜能的开发，应该成为体育课程人力资源开发的重点。

体育教师应提高专业素质和能力，以适应现代教育对体育教师的要求，适应当前体育课程改革的形势。体育教师首先要加强学习，不断进取，努力提高学历水平；其次学校要加大对体育教师的培训力度，使其具有更强的专业技术和更扎实的教学理论、方法和知识。另外，要加强高校体育教育专业建设，完善人才培养模式，调整课程体系，以适应基础教育体育课程改革，使毕业生的知识储备、素质、能力符合社会对体育教育专业人才的需求。

总之，体育教师要与时俱进，树立新的教学理念，确立先进的教育思想，掌握现代化的教学技术手段，不断提高自己的“一个水平、两个结构、三个职能”。“一个水平”是指自身的学历水平；“两个结构”是指教书育人的知识结构和能力结构；“三个职能”主要是指传播知识的职能、服务经济建设的职能和培养人才的职能。

(二) 学生

学生是体育课程学习活动的主体，要鼓励和引导学生积极参与体育课程资源的开发。各班的体育委员、学校代表队的队员和在体育方面有一技之长的学生都是有效的人力资源，在教学和各种活动中，要充分发挥他们的热情和较强的组织能力。对有体育特长的学生，应给他们创造机会和条件使其体育特长得以展现，如可以让他们组织学生做准备活动及辅助老师管理体育课、体育活动等。同时，还要利用学生爱动好动的天性，激励学生积极参与课程资源的开发，让他们自己去创造新颖的、安全的、健康的、有趣的游戏，改造自己喜欢的“成人项目”，自制体育器材和教具，通过网络和媒体收集体育信息等。

(三) 其他人力资源

人力资源的开发除了占主导作用的体育教师和主体地位的学生外，还有具有体育特长的其他学科的教师、班主任、校医、家长、社会体育指导员等。对于有体育特长的教师，应创造机会和条件使他们的体育特长得以展示，组织体育活动，指导学生运动队的训练；让班主任号召、组织学生积极参与课内外、校内外的多种活动；应充分利用校医或卫生保健员的特长，创造机会和条件，使其帮助、配合、支持体育教师，共同完成课程目标。校医可为学生开展保健知识、运动损伤预防与治疗方法的讲座，或者根据学生不同的身体状况，进行个案病理分析，帮助学生制订体育锻炼方案，使其能够得到合理有效的体育锻炼。

要发挥家长的督促作用。通过组织家庭运动会、趣味运动比赛、休闲体育问答、亲子游戏活动、家庭体育活动站等，使学生与家长互动起来，协调学校与家庭体育活动，活跃校外体育活动。这样，既增进了学生与家长的感情，又拉近了学校和家长的距离，同时，这些活动又在一定程度上实现了全民健身计划。

近年来，由于国家对社会体育的高度重视，对社会体育指导员的培养也加大了力度。通过各种形式的培训，在社会的不同层面，一大批社会体育指导员发挥着重要的作用，有力地推动了《全民健身计划纲要》的实施。从目前看，社会体育指导员已逐渐成为指导全民体育活动开展的中坚力量。在校外，可利用与开发社会体育指导员，请他们辅导、督促和帮助学生进行体育活动。在社区，要积极地发挥社区体育指导员的作用，请他们辅导学生开展体育活动。同时，还可利用社区人群的各种锻炼队伍，如秧歌队、舞剑队、舞蹈队、太极拳队等等，为广大青少年树立锻炼身体的榜样。

另外还可聘请校外体育专家、教练员指导学校体育工作；可以请一些著名的运动员进行体育表演，以激发学生的学习兴趣。

第三节　体育设施资源的开发与利用

体育场地、器材是加强素质教育，提高体育教学质量，增进学生健康的物质保证。虽然国家已制订了各级学校体育器材设施配备目录，但由于我国各地经济、文化发展的不平衡，各地、各校体育器材设施配备水平不尽相同。特别是我国许多城市学校体育场地狭小，农村学校体育场地简陋、体育器材严重不足。在这种情况下，应当充分发挥现有体育器材设施的作用，开发其潜在功能。

一、体育教学器材开发利用的意义

随着新课程标准的实施，体育课改革工作也进一步深化，体育课作为弘扬我国民族体育文化的主要途径，在我国教育界的地位越来越高，学生对体育课也越来越重视。体育课改革重视对课程资源的开发，这对优化体育课教学、提高体育课教学质量有着极其重要的作用。体育器材多重功能的开发和利用，是当前体育课教学的重要组成部分，对我国新时期的体育课改革有着助推作用。现今很多体育课新教材中，都明确指出体育器材多重功能的开发和利用，不是为了开发而开发，而是为了利用而开发，要将体育器材多重功能的开发与教学实际联系起来，以促进体育教学质量的增长为最终目的。在体育教学中，对体育器材多重功能的开发与利用的主要作用体现在两方面，一是能够激发学生的学习兴趣，提高体育教学的质量；一是充分发掘体育器材的功能，使体育器材的教学作用最大化。由此可见，在体育课教学中，体育器材多重功能的开发与利用是我国现今体育教学发展情况的决定的，是当今我国体育事业发展的必经途径，是提高我国体育课教学质量的重要保障。

在当前我国体育课教学中，虽然很多人在极力倡导开发和利用体育器材多重功能，但是由于《课标》中对体育课程资源开发的指导不足，约束力不够，这导致我国体育课程资源的开发，尤其是在课程内容资源的开发方面，出现了很多不良现象，比如在教学内容方面存在着非体育性教材涌入的现象，在体育器材的开发方面存在着生活物品涌入的现象。这些不良现象，不但不能提升体育课教学的效率，反而还会影响到体育课教学的开展。因此，在对体育课程资源开发和利用时，必须要对其进行合理的管制和约束；必须将体育器材多重功能的开发和利用与本校的实际情况联系起来，对不同体育器材的特点进行分析，然后再合理的开发和利用。

二、体育器材的开发利用

（一）发挥体育器材的多种功能

一物多用，根据器材特点开发其多种功能，是解决器材品种少的好办法。例如：栏架可以用来跨栏，也可以用作射门，还可以用作钻越的障碍等；标枪可以用来投掷，还可以在两根标枪之间拉上橡皮筋当作跳高架，并可用作蛇形跑、钻“洞”跑、图形移动、跳跃等练习的教具；利用跳绳还可以做绳操、斗智拉绳等。

(二) 制作简易器材

制作简易的体育器材，不仅能解决体育器材短缺的问题，还可以培养师生的动手能力。土洋结合，互相嫁接。如：用木棍制成高尔夫球杆；用饮料瓶和软球打保龄球。

变废为宝，因陋就简。把废旧不用的物品，重新改造成体育运动的器材。如：用废旧的铁锹杆、锄头把等制作接力棒；用废旧的竹竿和橡皮筋制作栏架；用废旧足球、棉纱和沙子等制作实心球；用废旧布、豆子或沙子制作沙袋；用木块制作起跑器；用树桩制作“山羊”；用砖头水泥或石块砌成乒乓球台；用砖头、木块、竹竿代替球网。

因地制宜，化旧为新。在教学过程中，可采取因地制宜、化旧为新的方法来利用那些位置固定、不易搬动和调整的大型器材和设施。如：篮板，可以做投掷靶；肋木和单杠可以做障碍跑的“山洞”；花坛间的夹缝可以做“战壕”等。

(三) 改造场地器材，提高场地利用价值

在我国，由于受竞技体育思想的影响，学校体育场地器材大多是成人化的，这实际上是忽视了学生的年龄特点和兴趣爱好。因此，有条件的学校可以将成人化的场地器材改造成适合学生活动的场地器材，努力将体育场地器材改造成学生的运动乐园，以满足学生体育活动的需要，吸引更多的学生参与体育活动。例如，降低篮球架高度；降低排球网高度；缩小足球、排球、篮球的场地等。

(四) 合理布局学校的场地和器材

学校场地和器材的布局是一项重要的设计工作，应当认真研究，合理布局，最有效地利用学校空地。要因地制宜，量体裁衣，根据实际情况，设置适宜的场地和器材。中小学体育教学和体育活动一般都是综合性的活动内容，为方便体育教学和体育活动的进行，有必要布置几个综合性场区。设置综合性场区时，应注

意以下几点问题：在一堂体育课中变换教学内容时，应当便于调动和观察学生。尽量做到学生在进行体育活动时互不干扰，确保学生的安全。应安排隔离通道，以防发生伤害事故。应远离教室、图书馆、实验室。

(五) 合理使用场地和器材

应最大限度地挖掘场地和器材的使用空间和时间，同时注意安全问题和场地器材的保养工作。为了最大限度地挖掘场地和器材的使用空间，应当充分利用学校的空地和学校周边环境，处理好“利用”与“安全”“使用”与“保养”的关系，认真进行实地考察和合理地统筹与规划。为了最大限度地挖掘场地器材的使用空间和时间，应当制订体育教学和课外体育活动场地器材的分配时间表，并要求教师或学生按指定区域和时间进行体育教学或体育活动。校方在制订课表时，应考虑学校体育教学条件的现状，最大限度地挖掘和利用场地器材

第四节 体育教学内容资源的开发与利用

一、体育课程内容资源开发的意义

(一) 理论价值

1．拓宽体育课程研究的领域，促进体育课程及体育文化的发展

体育课程内容资源开发对体育课程而言，是一个崭新的领域。对于它的研究，将大大加深人们对体育课程的理解，拓宽认识和研究体育课程的渠道和路径。同时，体育课程内容资源的开发，将极大地丰富和发展体育课程的内容体系，这在一定程度也丰富了体育文化的内容，对促进体育文化的传递、创新和发展具有十分重要的理论意义。

体育课程内容资源的开发，定将成为体育课程改革的突破口。这不仅表现在它将直接导致体育课程内容的变革，而且对体育课程的其他方面如体育课程类型、体育课程评价以及体育课程实施中的教学方法与手段、教学组织形式等的变革，也将产生积极而深刻的影响，对体育课程的整体建设与发展有着重要作用。

2．有利于促进学校体育与社会体育以及竞技体育之间的联系

一直以来，在理论层面上，学校体育被认为是学校内部的体育活动。如今，人们逐步认识到学校体育不应该仅仅局限于校园内部，而应该逐渐与社会体育和竞技体育加强联系，并在联系中相互借鉴与发展。但是，如何才能在学校体育与社会体育和竞技体育之间架起一座桥梁，一直是人们努力想解决的难题，而体育课程内容资源的开发，则为解决这个难题提供了新的思路和契机。首先，体育课程内容资源的开发打破了学校的空间界限，使更多社会体育和竞技体育的手段和内容通过提炼、加工成为体育课程内容。学生通过这些内容的学习，不仅可以了解当今社会体育和竞技体育的最新发展动态，而且还能为他们以后参加社会体育和竞技体育的实践奠定一定的基础。

其次，体育课程内容资源的开发，必然要调动社会体育及竞技体育领域的一切可以利用的人力、物力、财力和信息，这在客观上加强了学校体育与社会体育和竞技体育之间的联系。

最后，体育课程内容资源的开发，可以使人们更新观念，促进学校体育与社会体育和竞技体育不同领域之间的相互理解，消弭隔阂，从而真正树立“大教育”和“大体育”的观念。

3．有利于促进体育课程与其他学科课程以及校园文化之间的融合

过去，体育学科与其他学科一样，处于一种自我封闭的发展状况，这不仅阻碍了体育学科的发展，而且也不利于学生身心的全面发展。体育课程内容资源的开发，是在学校内外、社会的大背景中进行的，因此必然会超越体育学科的界限，将学校内其他学科的资源以及校园文化资源纳入到自己的视野和范围。体育课程内容资源的开发，将最大限度地促进体育课程与健康教育、生活教育、生存教育、环境教育、国防教育以及校园文化的相互融合与借鉴，使体育课程与各学科的交叉渗透、融会贯通自然而然地发生于课程实施的过程中，对学生的身心教育与影响将更为全面。

4．为体育课程改革提供理论支撑

理论对实践具有重要的指导作用，体育课程改革必须有完整的理论作基础。

当前我国体育课程改革呈现出一个畸形的特点，那就是实践先行，缺乏必要的理论支撑。迄今为止，关于体育课程方面较为成熟的理论专著几乎为零，出现了一个极不平衡的反差：一方面体育课程改革的实践如火如荼，而另一方面相关的理论研究却显得极为贫乏，这势必会影响体育课程改革整体推进的质量与效果。

体育课程内容资源开发的相关成果，将从理论和实践上回答体育课程中遇到的一些新问题，使体育课程理论不断丰富和完善，在一定程度上将为体育课程改革奠定理论基础。

(二) 实践价值

1．有利于促进体育教师的专业发展

课程资源的开发为教师的专业成长找到了一条理想的途径，课程资源开发过程就是教师专业不断成长的过程，开发程度和范围的大小，将决定教师专业发展的程度和水平(段兆兵，2003)。长期以来，体育课程内容基本上是由专家预先规划设定的体育知识、技术、技能体系和载体，形成了“专家设计课程、教师教课程、学生学课程”的模式。这使得广大体育教师将体育课程内容视为国家规定学生必须掌握的基本知识、基本技术和基本技能，误认为体育教学大纲和体育教材是既定的、唯一的体育课程内容资源。这不仅束缚了体育教师的创造力，使他们变成了固定的体育课程内容的传授“机器”，也使得最宝贵的体育课程内容资源——体育教师和学生的经验被白白浪费掉了。

2．有利于促进学生的发展

其一，有利于调动学生多种感官参与学习活动，激发学生的学习兴趣。大量、丰富、开放的体育课程内容资源给学生提供了体育教材无法比拟的感官刺激、信息刺激和思维刺激，这既可以提高学生参与体育学习的主动性，又可以使学生在愉悦中掌握体育的知识、技能，培养能力，陶冶情操。如对足球运动的学习，体育教材中所提供的相关信息是远远不能满足学生的需要的。从体育课程内容资源开发的角度而言，教师可以指导学生从多种渠道获得足球运动的各种信息：从网络、报刊中获得足球运动的相关知识、图片；从电视中观看足球比赛的精彩场面；

从学校或社区足球场向足球“高手”们学习各种足球技能等：

其二，促进学生学习方式的变革，使学生从被动学习走向主动探索。学生也是体育课程内容资源的开发主体，学生的经验、感受、兴趣、爱好、知识、能力等构成了体育课程内容资源的有机组成部分，这将极大地调动学生学习的积极性和主动性。此外，面对丰富的体育课程内容资源，学生还将面临如何获取信息、如何筛选信息、如何分析信息以及如何从各种信息中归纳出对解决问题有用的东西等一系列问题。因此学生主动参与式的学习、合作式的学习、探究性学习等各种新的学习方式将走进体育课堂，这势必将带来学生学习能力、学习水平和学习态度等一系列的变化，对培养学生的实践能力和创新能力具有重要意义。

3. 推动新体育课程标准的顺利实施

选择什么体育课程内容，由过去专家的事，变成了专家、体育教师和学生共同要面对的事情。因此，对体育课程内容资源的开发就显得尤为重要，开发什么样的内容、如何开发、开发的水平怎样等一系列问题，不仅直接影响到体育课程的实施水平和体育课程目标五个领域的达成度，而且在某种程度上也关系到课程评价内容、方法、手段等的安排。因此，体育课程内容资源的开发便成为新体育课程标准顺利推进的关键环节。

4. 为体育校本课程开发提供借鉴

校本课程开发也是这次基础教育课程改革的亮点之一。《基础教育课程改革纲要(试行)》明确指出：“改变课程管理过于集中的状况，实行国家、地方、学校三级课程管理，增强课程对地方、学校及学生的适应性。”(教育部，200 1)校本课程开发与课程资源开发具有必然的联系，它是建立在课程资源开发的基础之上的。从这个意义上来讲，体育课程内容资源的开发可以为体育校本课程开发提供经验与借鉴。

二、体育课程内容资源开发的原则

(一) 开放性原则

所谓开放性原则，是指体育课程内容资源的开发，要打破时间、空间、学科、领域、途径的界限，尽可能开发利用有益于体育课程实施活动的所有体育课程内容资源。即以一种开放和包容的心态对待人类所创造的一切文明成果，只要有利于实现体育课程的目标，就应该将之纳入到开发与利用的视野，兼收并蓄，为我所用。事实上，从体育课程的发展历史来看，体育课程内容就一直变化、更替着，从体育课程发祥时代的兵操，到现代的各种运动项目；从相对贫困时期的健身养护内容到后工业时代的娱乐休闲内容等，体育课程本来就是一个开放的、不断变化的系统，本身就具有极强的包容性(毛振明)。

体育课程内容资源开发的开放性，包括时间的开放性、空间的开放性、学科的开放性、系统的开放性以及途径的开放性几方面。

时间的开放性，是指体育课程内容资源的开发应该跨越时间的界限。从古至今，人类在几千年发展过程中创造了灿烂的体育文化，有的虽历经时间的侵蚀，但仍然熠熠生辉，闪烁着璀璨的光芒。古代的、近代的、现代的各种形态的体育文化为我们提供了一个丰富的资源库。我们可以根据需要从中选择相关内容进行开发，并不断推陈出新，赋予它们时代的意义。

空间的开放性，是指体育课程内容资源不论是校内的还是校外的，中国的还是外国的，农村的还是城市的，汉族聚居地的还是少数民族地区的，只要有利于实现体育课程目标，都可以进行开发。

学科的开放性，是指体育课程内容资源的开发在学校内部要打破体育学科与其他学科之间的界限，尽可能利用其他学科如语文、数学、生物、物理、地理等的内容资源，使所开发的体育课程内容更具有综合的、全面的教育意义。系统的开放性，有两层含义：一是指在体育课程内容资源开发时，不要只局限于学校体育系统，要尽可能利用社会体育系统和竞技体育系统的内容资源；二是指在体育课程内容资源开发时，要超越体育系统的界限，政治、科技、文化、军事、医疗卫生等社会其他系统，也有大量丰富的体育课程内容资源，也是我们开发的对象。

途径的开放性，是指体育课程内容资源开发不应该局限于某一种途径或方法，应尽可能探索多种途径或方法，并能协调使用。

(二) 针对性原则

所谓针对性原则，是指要针对体育课程目标，从学生、体育教师、学校的特点和实际出发进行体育课程内容资源的开发。

首先，要针对体育课程目标进行体育课程内容资源开发。体育课程内容资源开发的最终目的是为了体育课程目标的实现与达成，因此体育课程内容资源开发自始至终要围绕着如何有效达成体育课程目标来进行：一方面，不同的体育课程内容资源具有不同的作用与功能，对于不同特定的体育课程目标，就应该开发不同的体育课程内容资源；另一方面，一些不同的体育课程内容资源可能具有相同的作用与功能，开发时就应该针对体育课程目标对各种资源进行比较与分析，以便能开发出适应性相对较强的体育课程内容。

其次，要针对学生的特点进行体育课程内容资源开发。这在理念上体现了体育课程开发与建设要“以学生为主体”的思想。具体表现在三个方面：一是要针对学生的生理和心理发展水平；二是要针对学生的体育兴趣与爱好，尽可能激发学生的求知欲；三是要针对学生已有的体育学习基础和能力。

再次，要针对体育教师特点进行体育课程内容资源开发。每一位教师都有自己的认知策略、思维习惯和工作方式，有自己的生活经历和教育背景，有自己的经验、兴趣、爱好、专长和个性特征及不同的教育教学风格等(段兆兵，2003)，这些不仅会直接影响到他们对体育课程内容资源开发的认识，也关系到开发方式和开发的广度与深度。因此，应针对每个体育教师的教育思想、理念、知识、经验、专业水平、特长等来开发体育课程内容资源。

最后，由于各个学校具有不同的性质和任务，其所在地理位置、历史传统、培养目标、办学宗旨、师生结构、校风校纪、校容校貌等各不相同，所以要针对学校的特点进行体育课程内容资源开发。如针对学校的自然环境特点、学校的场地、器材、设备的特点、学校的体育传统与风气、班风与校风的特点等。由于体育课程内容资源的开发在很大程度上受各学校体育课程环境资源状况的制约，因此体育课程内容资源的开发也要因地制宜，从各个学校的实际出发。例如：山区学校，可以以山为主题来开发体育课程内容资源，如登山、攀岩、远足、野营等；

地处江、河、湖、海附近的学校则可以以水为主题开发体育课程内容资源，如游泳、龙舟、划船、水中健身操等。又比如：城市经济条件好的学校，可以利用校内外的网络资源，进行体育课程内容资源开发，如开发各种体育知识、运动项目的比赛规则、健康保健知识等；而农村经济条件较差的学校则可考虑开发一些本乡本土的、民间的体育课程内容资源，如舞龙、采莲船、踩高跷、顶扁担、滚铁环和其他民间游戏等(季浏等，2003)。

(三) 合作互补原则

所谓合作互补原则，是指在体育课程内容资源的开发过程中，要充分发挥体育课程专家、体育教师、学生等人员的作用，充分利用他们的知识、经验、特长以及各自的优势，取长补短，优势互补，共同提高体育课程内容资源开发的质量与效果。合作互补的原则有四层含义：一是中小学体育教师与高等院校或科研机构的体育学科专家之间的合作互补；二是不同学校之间或同一所学校内部体育教师们之间的合作互补；三是中小学体育教师与学生之间的合作互补；四是中小学体育教师与其他人员合作互补等。

体育教师作为体育课程的实施者，由于身处教学的第一线，因而具有较强实践能力和广阔的实践舞台，但是他们普遍缺乏教育研究方面的知识，教育理论视野也不够开阔，加上繁重的教育教学工作，其参与体育课程内容资源开发的积极性和效果都会受到一定的限制。而高等院校或科研机构的体育学科专家们虽有较强的体育课程内容资源的开发意识，也有较扎实的教育理论基础和教育科研能力，但却缺乏像中小学体育教师那样的现场经验和具体实践操作能力。因此，只有将二者的优势结合起来，形成理论指导——实践操作的相互结合，才能使体育课程内容资源的开发方向更加明确，效果更加明显。

中小学体育教师之间的交流与合作，对提高体育课程内容资源开发的质量与效果也有很重要的意义，因为：其一，体育教师之间的合作、探讨、经验分享本身，就是开发体育课程内容资源的重要方法之一；其二，由于体育教师们活动的空间背景相对一致，或同一所学校，或同一个城市、一个区、一个县、一个乡镇的几所学校，其在地域上有着相同的特点，通过相互合作，有利于开发出特色鲜明的体育课程内容。另外，体育教师之间的合作，。还可以使一个体育教师或一所学校在体育课程内容资源开发方面所取得的成果和经验，能够迅速在其他教师中推广，形成较强的示范作用，有利于体育课程内容资源开发的不断深入。

体育教师与学生的合作，同样也有利于体育课程内容资源的开发。学生在体育方面的知识、技能、经验等虽然不像体育教师那样，经过了专业的培训，但他们在体育方面同样也具有体育教师没有的生活实践优势。表现在：第一，某个领域的体育知识，如NBA、德甲、意甲、英超等方面的各种信息，学生可能比体育教师掌握得更多；第二，某些运动项目特别是新兴运动项目的知识和技能如山地自行车、滑板、轮滑、台球等，体育教师可能不如学生；第三，学生本身所拥有的生活和学习经验是体育教师不具有的。体育教师通过与学生合作，不仅可以大大提高体育课程内容资源的丰富程度和开发效果，也有利于使学生的经验进入体育课程，成为体育课程的重要内容。

在体育课程内容资源开发过程中，体育教师与其他人员如学生家长、学校行政人员、教练员、民间艺人、社区其他人员等之间的合作也是非常重要的。也就是说，体育教师要充分地利用一切可以利用的“外力”来提高体育课程内容资源开发的效果。

(四) 开发与利用相结合原则

开发与利用相结合原则，是指在体育课程内容资源开发过程中，不能单纯为开发而开发，要注意使开发与实际利用结合起来，使开发的体育课程内容资源通过课程实施的各个环节进入体育课堂而发挥其作用与功能。

以前，课程资源的地位和作用没有得到足够的重视，教材以外的课程资源开发力度严重不足。如今，课程资源开发问题已经引起关注，但这又可能导致另一个极端，即肆意开发各种资源，而忽视实际的利用(靳玉乐等，2002)。因此，体育课程内容资源的开发也应该注意尽量避免只重开发不重利用的倾向，既要注意开发的数量，也要注意开发的质量；既要树立积极开发各种体育课程内容资源的意识，又要善于分析、识别、发现现有的体育课程内容资源，把闲置的体育课程内容资源及时进行加工、改造和转化，使之进入体育课程而加以充分利用。

(五) 时代性原则

时代性原则具有两个方面的含义：一是指体育课程内容资源的开发要反映出现代社会发展的需求；二是指体育课程内容资源的开发要体现出鲜明时代特征。随着社会的不断发展和现代科学技术的日新月异，人们的生产方式和生活方式发生了巨大的变化。这种变化一方面使人们的生活更加舒适便利，但另一方面也对人们的健康带来了诸多不利影响，如人的生物性退化、人际关系淡化、社会应激水平增加等一系列问题(李志刚等，2001)。这种影响同样也波及中小学生，例如，当前学生体质健康水平呈下降趋势，而心理疾病的发病率则呈直线上升趋势(季浏等，2003)。因此，改善和提高青少年学生的健康水平，便成为当今社会发展的需要。体育课程内容资源开发也必须要满足这一需求，具体而言就是要尽可能开发出锻炼价值高、实用性强、对改善学生心理素质及提高学生社会适应能力作用大的体育课程内容。

健康的生活方式是现代人追求的目标之一。娱乐、健身、休闲正在逐步成为人们余暇生活的主旋律，而各种娱乐、健身、休闲的手段也在不断地发明和创造出来，成为深受大众喜爱的新兴运动项目。体育课程内容资源的开发，亦应该体现出这种鲜明时代特征，要让那些有着浓郁生活气息和趣味性强的各种身体练习，通过加工成为体育课程内容的组成部分，以便为学生走出校门、步入社会生活奠定基础。

三、体育课程内容资源开发的目标

课程的价值在于促进学生的知识、能力、态度及情感的和谐发展。施良方(1996)认为，课程的变革，从某种意义上来说，不仅仅是变革教学内容和方法，而且也是变革人。创学生是课程改革的出发点和归宿，因为教育的根本目的和功能是促进人的成长与发展，学校的一切工作，最终都是为了促进人的发展，为人的发展服务。从这一点上来说，体育课程内容资源开发的总目标与体育课程的目标应该是一致的，即通过体育课程内容资源开发，培养学生的运动兴趣和运动能力，促进学生身体、心理健康水平和社会适应能力的发展(教育部，2001；教育部，2003)。具体而言，体育课程内容资源开发要实现以下几个目标：

(一) 满足学生体育需要，促进学生发展

体育课程内容资源开发的首要目标就是要满足学生的体育需要，促进学生的发展。就学生个体而言，不同年龄、性别以及不同地区的学生，由于各自的教育背景不同，其身心发展的水平如身高、体重、运动能力、对运动的兴趣、爱好、态度、社会交往能力等是有很大差异的。例如有人曾对上海市学生的运动兴趣进行了调查，发现学生最感兴趣的运动项目前 3 项皆为球类——篮球、羽毛球、足球(陆遵义等，2001)；又如姚蕾(2002)曾对体育隐蔽课程的设计等问题进行了研究，其认为，不同的学生对体育场地、器材设备的需要是不同的，而要想取得好的教学效果，必须事先布置和采用最适合学生需要的教具或器材等。

体育课程内容资源的开发必须以满足不同学生的体育需要为前提，否则便不能被学生所接受。另一方面，学生在体育方面需要学习的东西很多，远非体育课程所能包揽，因而必须在可能的体育课程内容资源范围内，在考虑开发成本的前提下突出重点，精心选择那些对学生终身发展具有决定意义的体育课程内容资源，使之优先得到开发。

要通过体育课程内容资源的开发，使学生由被动地学走向主动参与、主动探索，从而真正学会学习。为学生提供丰富的、多姿多彩的体育课程内容资源，重在不断培养学生独立学习的意识、习惯和能力。体育教师要充分利用体育课程内容资源开发过程中的各种有利因素，提高学生探索问题、分析问题、解决问题以及合作学习等方面的能力，使他们能够创造性地利用各种体育课程内容资源，为自身的体育学习和实践及其他探索 f 生活动服务。

(二) 提高体育教师开发体育课程内容资源的认识和能力

体育课程内容资源开发的另一个重要目标是树立体育教师新的体育课程内容资源观，并不断提高其开发体育课程内容资源的能力。体育教师对体育课程内容

资源开发的认识和理解，直接关系到他们开发体育课程内容资源的主动1生和积极性，也在很大程度上影响着开发的质量和效果。因此必须通过体育课程内容资源的开发，使体育教师对体育课程内容资源的认识不断深化，逐步树立新的课程资源观。

体育教师开发体育课程内容资源的能力也是影响开发效果的关键因素之一。对绝大多数体育教师来说，怎样开发体育课程内容资源是一个全新的课题。通过体育课程内容资源开发，要促使体育教师不断学习现代教育思想和教育技术，学习体育课程内容资源开发的各种方法与技术，并学会从实践中总结各种经验教训，注重分享其他教师的各种经验和成果，使他们的专业水平在实践中不断提高。

(三) 丰富体育课程内容体系

体育课程内容，从内涵上来说应该是非常丰富的。但在以前相当长一段时间内，体育课程内容被限定在体育教学大纲和体育教材所规定的范围，其他内容如各种新兴运动项目、学生的经验等一般是不会成为体育课程内容的。新课程改革，就是要改变这种局面。体育课程内容资源的开发，也要将丰富体育课程内容体系作为一项基本任务。

体育课程内容资源的丰富性和多样性特点，为我们的开发提供了前提条件。要努力通过体育学科专家、中小学体育教师、学生等多个主体以及国家、地方和学校多个层面全方位、多角度地进行体育课程内容资源的开发，使各种新颖有趣、适应性强的体育课程内容资源不断转化为体育课程内容，使体育课程内容的范围在原有的基础上不断拓展、不断丰富，逐步形成具有中国特色的体育课程内容体系，使拓宽后的体育课程内容能够为学生选择学习、发展个性提供更加广阔的空间，为实施素质教育、提高体育课程教学的质量和效果打下基础。

(四) 形成学校体育课程特色，提高新体育课程标准的适切性

致力于形成各个学校的体育课程特色，以提高新体育课程标准对每个学校的适切程度，也是体育课程内容资源开发的重要目标。每所学校由于学校性质、办

学条件和教育理念、学生的发展基础等实际情况不同，其拥有的体育课程内容资源的数量、性质和具体结构等也是不同的。因此，不要一味追求体育课程内容资源的统一性，应保持不同地域间学校的体育课程内容资源的丰富多样性，把各个学校所拥有的不同体育课程内容资源，变成特色资源来开发。只有形成特色，才能使一个学校的体育课程内容资源开发具有旺盛的生命力。

四、体育课程内容资源开发的范围

(一) 体育课程内容的知识资源

1. 知识的概念

自古以来，知识与教育就有着密切的内在联系。一方面，知识的传播、选择、分配以及发展等都离不开教育活动，另一方面，知识又构成了教育的重要内容，离开了知识，教育的一切活动就无法正常开展。知识也是日常生活中人们谈论最多的话题之一，但人们对于什么是知识却无法达成一致的看法。不同的学科对知识的理解和解释是不同的，从哲学的范畴来解释，知识是“客观事物的属性与联系的反映，是客观世界在人脑中的主观印象”(董纯才，1985)。从社会学的范畴来看，知识是在人类文明进程中，一切创造工具和结果(张祖英，1999)。心理学对知识给予了新的解释，如布鲁姆(B. S. Bloom)将知识定义为“对事物和普遍原理的回忆，对方法和过程的回忆”等。上述知识观，各白的侧重点各不相同，前两种泛指人类的知识，最后一种则侧重于个体的知识。

完整的知识应当包括人类的知识和个体的知识，可以从广义和狭义的角度来理解：广义的知识是指人类认识客观世界及其自然实践经验的总结，它可以通过语言文字、各种媒体长期保存；而狭义的知识则是指个体通过与客观外界环境相互作用所获得的各种信息及技能(卢炳惠等，2001)。在本文研究中所使用的主要是广义的知识概念，而对狭义的知识概念将作为个体的经验来进行讨论。

2. 知识的类型

从不同的角度，知识可以被划分为多种类型。如：按照学科领域，可以将知识划分为哲学知识、自然科学知识、社会科学知识和数学知识；按照知识的载体形式可以将知识划分为显性知识和隐性知识。经合组织(Organization for Economic Co-operation and Development)将知识分为四大类：知道是什么即知事(Know-What，又称事实知识)、知道为什么即知因(Know-Why，又称原理知识)、知道怎样做即知窍(Know-How，又称技能知识)和知道谁有知识即知人(Know-Who，又称人力知识)。其中前两类知识即事实知识和原理知识是可以表述出来的知识，也叫作显性知识，而后两类知识即技能知识和人力知识则难以用文字来明确表述，称为隐性知识(李华伟等，2002)；根据知识的作用和功能还可以将知识分为实用知识、学术知识、闲谈与消遣知识、精神知识；而现代认知心理学的理论则从学习的角度将知识分为陈述性知识、程序性知识和策略性知识(皮连生，2000)。

对于进入学校课程的知识而言，如果按照知识的内在要素，可以将其分为认知性知识、道德性知识、审美性知识、健身性知识和劳动技术性知识(廖哲勋等，2003)。而根据人类认识的对象，又可以将知识分为自然知识、社会知识和人文知识等(石中英，2001)。这些内容主要包括各门科学的基本事实、基本概念、基本原理或基本理论等方面的书本知识，在中小学教育中，通过各门学科课程体现出来。本文研究中的知识，主要是指与体育课程有关的体育、运动以及健康等方面的理论知识。

3．知识资源的结构

由于体育课程内容的知识资源主要来源于体育学科的知识体系，因此体育课程内容知识资源的结构与体育科学体系的结构有着非常紧密的联系。

关于体育科学体系结构，当前主要有五种不同观点：一是认为体育科学体系由体育社会科学学科、基础学科和运动学学科 3 大部分组成；二是认为体育科学体系可分为自然科学类、人文科学类、管理科学类；三是认为体育科学体系是研究人体运动规律的科学，它研究的是体育科学、工作、人及其关系，因此可以根据体育科学研究的对象来划分体育科学体系的结构；四是认为体育科学体系可以分为体育基础学科、体育技术学科和体育应用学科 3 大类；五是将上述方法结合起来进行分类等(汪伯容，1998)。尽管没有较为一致的观点，但比较明确的是，体育学科所覆盖的范围基本上包括了社会、自然、人文、管理以及体育运动的专项技术等方面的内容。从体育课程的特点来看，其内容所涉及的主要是体育、运动和健康等方面的知识，而这些知识中，又不同侧面、不同程度地涉及体育与健康方面的科学、社会和人文等方面的知识。为了便于理论研究与实践运用，笔者认为可以将体育课程内容知识资源分为三大类：即体育基本理论知识资源、运动项目知识资源和健康知识资源。

(二) 体育课程内容的经验资源

1. 经验的概念

每个个体在成长的过程中，总是不断地接受外部环境的刺激，并体验外部事物，形成经验。经验是个体与外部世界交流的重要手段，不仅反映人们在某一时间、某一范围内的活动历程与内心体验，而且由于人类有思维，懂得利用事物之间的联系，经验往往又成为人们进一步采取行动的思想基础。因此，经验在人的成长过程中具有非常重要的作用和意义。

经验在中文里至少有三个方面的含义：第一，作为动词，是指经历，即亲身体验的过程；第二，作为名词，泛指由实践得来的知识或技能，这与广义的“知识”概念是相通的；第三，作为哲学名词，通常指感觉经验，即感性认识。在英文里，经验(expedance)同样也具有两种含义：一是名词，指经验、体验、经历、阅历等；二是动词，指经历、体验、感受、遭受等(Homby，1997)。可见经验一词在中、英文里都有动词和名词两种用法。但与中文不同的是：首先，英文的经验在作名词使用时，其含义主要突出个体的色彩，即特指通过个体活动获得的结果，而没有中文中“泛指由实践得来的知识或技能”这样的含义；其次，英文中经验作为动词使用非常普遍，尤其突出并强调个人的亲身、直接的体验过程，有个人主观体验过程在内的含义(丛立新，2000)。

本文中所使用的经验包括了两个方面的含义，一是指学生个体通过与客观外界环境相互作用最终所获得的知识与技能，二则是指学生个体通过体验、感受、获得、占有知识的过程。

2. 经验作为课程资源的意义

作为人类认识世界的重要形式，经验是知识的基础。教育是人类的一种特殊的认识活动，它必然与经验存在着非常密切的联系。早期的教育学家们非常重视经验在教育中的作用，如捷克教育家夸美纽斯就提倡观察自然、模仿自然，重视自然经验在教育中的作用。卢梭强调直接经验在获得真理过程中的基础地位。裴斯泰洛齐主张认识事物从直接经验开始，并且非常重视生活经验，提出生活即是教养的主张等(范兆雄，2002)。

尽管如此，把经验作为课程的重要组成部分却经历了一个漫长的发展过程。近代学校课程是以知识为本体的，最典型的是英国教育家斯宾塞。在“什么知识最有价值”的呼唤下，他提出了“一致的回答是科学”的答案，为自然科学进入学校课堂提供了理论基础，并由此带来了近代教育的重大进步。但是，这种知识本位的课程观存在着一定缺陷，其强调课程的直接结果，关注的是学习者是否掌握了知识、掌握了多少知识、怎样使受教育者尽可能快、尽可能多地记住知识等，知识的质和量成为教师、学生乃至整个课程、全部教育所追求的目标(丛立新，2000)。在这里，知识是课程的中心，成为课程的主宰；在这里，生活世界被忽略了，人类文化中的精髓和富有灵性的部分被理性的知识所代替而难以在课程中表现出来；在这里，知识的完整统一性被破坏，情感体验、意志努力在知识学习过程中的重要作用被漠视，知识中本应该充满生机和活力的部分一次次地从课程中剥离出来，致使课程变得冷漠和枯燥，缺乏人性。知识本位课程观的这些缺陷，逐渐被人们所认识，并不断受到批评。美国教育家杜威通过长期的教育实验，全面而深入地对经验、经验与教育、经验与课程等问题进行了研究，提出了“教育即经验的不断改造”的重要教育命题，并且由此带来了课程观——知识本位向经验本位的重大转变。经验本位的课程观明确了学习者与课程的关系，突出了学习者在课程中不可缺少的地位。也就是说，如果不能将学习内容转化为学习者的经验，如果不通过学习者积极主动地学习体验，学习就不可能是真正有意义的。将经验作为课程的本体，是课程观的一次重大飞跃，尽管其可能仍然不完善，但毕竟打破了知识中心一统天下的局面。

同时，随着课程的进一步发展，知识本位与经验本位的课程观将逐渐由对立走向相融合。

把经验作为课程资源的积极意义在于：首先，拓宽了课程资源的内涵。课程资源不仅是知识和知识的载体——教材，不仅是教学环境和设备，也不仅仅是课程专家和教师，它内在地包含了学生个体的经验系统，而且它不是一般的课程资源，更是基础性资源，其他的课程资源只有与学生的经验相结合，才能够真正发挥作用；其次，突出了学生作为学习者的主体地位。经验是一个主动的过程，不单是学习者被动地受着环境的影响和塑造，还是学习者对未知的积极探索和对环境的主动改造。每个人的认识能力及其特征都具有差异性，主动作用需要的不仅仅是记忆和理解，更需要学习者在主动学习的过程中去想象、尝试、反思甚至创造，这对学生的发展无疑具有非常积极的意义；最后，将学生的经验作为课程资源，还有利于增强课程内容与学生社会生活和现实生活经验的联系，使课程真正具有生活意义和价值。

3. 经验资源的结构

学生经验的获得，与其生活环境包括自然环境和社会环境是密不可分的。在社会环境中，家庭、社区和学校对学生经验的形成有着非常重要的影响。体育课程所涉及的学生经验资源大致包括了学生的家庭生活经验资源、社区生活经验资源和学校生活经验资源三个方面。

(1) 家庭生活经验资源。

家庭是社会的“细胞”，其对学生的成长起着非常独特的作用。在家庭中，父母与子女关系，构成了家庭教育的逻辑起点，家庭生活的点点滴滴，无时无刻地影响着学生的人生观和价值观以及各种经验的形成。家庭生活经验是学校生活的重要基础，一方面儿童在入学前所受到的家庭教育是进入学校是必需的，另一方面，入学后的儿童仍然还是家庭成员，还必须继续接受家庭教育，家庭生活的经验将持续不断地对学生的学校生活产生影响。

(2) 社区生活经验资源。

社区是指“进行一定的社会活动，具有某种互动关系和共同文化维系力的人类群体及其活动区域。”(郑杭生，1999)社区为人们提供了社会交往的组织空间和地理的活动空间，人们的日常生活，大都是在一定的社区范围内进行的，社区对人的思想观念、行为规范、生存和发展等方面有着重要的影响。社区同时也是学生生活的重要空间，他们在社区的活动是丰富多彩的，社区生活经验构成了其经验的重要组成部分，具有非常重要的开发价值。在社区中，他们不断经历着体能的增强，运动技能的提高和心理品质的磨炼。而且，各个社区所开展的娱乐、游戏和运动活动，有着各自的特色，这使得不同社区的学生在参与社区游戏、娱乐和运动活动过程中所积累的经验也各具有特色。同时，在参与社区游戏、娱乐和运动活动中，学生与社区的其他成员之间是互动的，表现在：一方面，社区的其他成员在游戏、娱乐和运动活动中对学生起着指导作用；另一方面，学生在社区游戏、娱乐和运动活动中也起着骨干作用，有些学生甚至还充当了“小老师”的角色。这个互动的过程，对学生游戏、娱乐和运动经验的生成、积累无疑是非常有益的。

(3) 学校生活经验资源。

学校生活是人生必不可少的重要阶段，学校教育为个体的成长奠定了基础。学校环境和各项活动是按照教育活动的需要为实现育人目标而组织起来的，因此学校生活本身具有很强的教育意义。对于学生来说，由于学校生活的时间非常长，因此学校生活经验对他们的成长有着重要的意义。

五、体育课程内容资源开发的方法

在体育课程实践中，体育学科专家、体育教师和学生在进行体育课程内容开发中所采用的方法是多种多样的。访谈调查的结果表明，中小学体育教师在开发体育课程内容资源的实践中，常采用改造、整合、拓展等方法。在本文的行动研究中也主要采用了改造和整合的方法来开发体育课程内容资源。

体育学科专家常用的开发方法主要是筛选、改造和整合等。综合问卷调查、访谈调查和行动研究的结果，本文认为最主要的体育课程内容资源开发方法有五个，分别是：筛选、改造、整合、拓展和总结。

(一) 筛选

1．筛选的定义

所谓筛选，就是按照一定的标准从大量的体育课程内容资源中，选择出合适的体育课程内容的方法。例如，体育学科专家从球类运动项目中选择篮球、乒乓球作为体育教材内容等。

2．筛选的特点

(1) 确定选择标准是运用筛选方法的关键。

不同的开发主体，由于各自的经验背景、开发的层次、开发的目的及看问题的角度等方面的差异，其筛选课程内容资源的标准在具体操作上可能会有所侧重：体育学科专家在运用筛选方法时可能会更多地考虑到一些宏观方面的标准，如国家的教育政策、学校体育的指导思想、体育课程标准的要求；体育教师在运用筛选方法时除了要考虑体育课程标准的要求外，会更多地考虑一些微观方面的标准，如学校的体育场地、器材方面的条件、学生的实际等；而学生在筛选课程内容资源时则会更多地考虑体育教师的要求和自己的兴趣、爱好和特长。

(2) 筛选可以在一定程度上解决体育课程实践中“教不完”“教不会”的问题。

“教不完”和“教不会”是体育课程实施过程中常见的问题，筛选通常是解决该问题的主要手段。筛选通常表现为两个层次：一是面对大量的体育课程内容资源，在体育教材中不可能全部反映出来，因此体育学科专家在编写体育教材时必须要对各种体育课程内容资源进行筛选；二是体育教材中所呈现的内容，由于场地器材、教学时间等方面的原因，在任何一所学校都不可能全部教给学生。而且在实践中，体育教师还需要面临这样的难题，即选择多少体育课程内容才是合适的，因为体育课程教学的总时数是有限的，选择的内容数量越多，每个内容平均的学时数就会相对减少，反之亦然。所以上什么、不上什么，对体育教师而言同样也涉及如何筛选的问题。

(3) 筛选的结果一般表现为数量上的变化，而非质量上的变化。

运用筛选方法是为了从大量的体育课程内容资源中选出少量的体育课程内容，而每个所筛选出的体育课程内容在具体性质上基本上没有发生改变。例如，我们选择乒乓球为高中生体育课程内容，在具体的乒乓球技术、战术、比赛规则、场地器材等方面基本上与社会上所开展的乒乓球运动是一样的，没有什么差别。

筛选方法的优点是运用起来简单、便捷；缺点是灵活性和适应性较差，表现在，体育学科专家和体育教师所选择的体育课程内容有时可能会与学生的身心发展特点不相一致。如小学生学习篮球也用标准的场地和器材，就有可能造成他们学习上的困难。

3．筛选的适用范围

就使用的对象来说，体育学科专家、体育教师和学生在体育课程内容资源开发中都可以运用这种方法。但相对来说，体育学科专家在编写体育教材时、体育教师在确定体育课程内容时运用这种方法比较普遍，而学生则使用得比较少。由于筛选法的特点，其主要用于体育课程的知识资源和身体练习资源的开发。

4．筛选的一般步骤

(1) 开列内容清单。

尽可能将所要开发的体育课程内容的相关资源列出来，以供选择。例如，野外运动项目的开发，首先要搞清楚野外运动项目总共有哪些，并将其一一罗列出来。

(2) 确定选择标准。

选择标准因开发主体不同、开发目的不同而在具体内容上会有所差异，但一般要考虑的因素有：国家的教育和体育政策、学校体育的指导思想和目标、体育课程标准、学校的体育环境、师资、体育教材、学生的特点、具体的课堂教学目标等。

(3) 按照选择标准筛选出合适的体育课程内容。

值得注意的是，为了避免筛选法的缺陷，在实际的体育课程内容资源开发过程中，还要尽可能地将筛选法和其他方法结合起来运用。

(二) 改造

1．改造的定义

改造是指根据体育课程具体实施的不同对象和条件等特点对原有体育课程内

容资源的某个构成要素进行加工、变化、修改的方法。改造是体育课程内容资源转化为体育课程内容的基本途径。特别是身体练习资源，其要成为体育课程内容，必须要经过教育学意义上的加工处理。例如，将排球作为小学体育课程内容时，可以考虑在器材、场地等方面对其进行改造，如采用软式排球，采用适合于小学生的球网高度等。

其实，很多专家、学者以及第一线的体育教师们很早就注意到了对竞技运动项目进行加工改造，使之能够进入体育课堂、成为体育课程内容的问题，尽管他们在提法上有一些不同，如有的叫“竞技运动项目的教材化”(杨文轩等，1995；王翠英，1995；曲宗湖等，1999；毛振明，1999；崔景安，1999；张建宁等，2000)，有的叫“竞技运动项目的软式化”(李杰凯，2001)，还有的叫体育教材的加工与改造等，但主要观点却是基本一致的，即都认为竞技运动项目在本质上与体育课程内容或体育教材是不同的，必须要经过改造才能成为体育教材或体育课程内容。

季浏(2002)将“运动项目改造”作为体育课程内容资源的开发的主要方法，这是一个新的视角。本文所讨论的改造方法，也是从体育课程内容资源开发这个视角切入的，但是本文所指的“改造”在内涵上已大大超过了上述专家和学者们所探讨的范围。

2．改造的特点

(1)“变化”和创新是改造的核心。

经过改造后的体育课程内容，虽然保留了原来的一些元素和特征，但是在性质上已经发生了变化，其已经“面貌一新”。因此，改造的过程实际上是一个对原有体育课程内容资源的创新和重构的过程。

(2) 改造的具体方式是多种多样的。

在运用改造法进行体育课程内容资源开发时，具体的方式是很多的，每一种方式运用的条件和效果都有所不同。

(3) 改造的具体内容具有多元性。

改造既可以是功能性的，也可以是结构性的；既可以针对原有体育课程内容资源个别要素，也可以针对多个要素；既可以是整体、系统的改造，也可以是局部、部分的变化；既可以是民族、民间文化如民间歌舞或民族传统运动项目的推陈出新，也可以是国外新兴运动项目的本土化改造和引进；既可以是对单一动作结构和组合动作结构的身体练习的变形，也可以是对活动性游戏或运动项目的改造等。

改造是建立在个体经验的基础上的，因此改造方法的运用有一定的难度改造方法对使用者的能力要求比较高，如果使用者不具备一定的改造体育课程内容资源的知识、方法、能力以及技巧，是很难对各种体育课程内容资源进行有效改造的。

3．改造的适用范围

改造方法的主要使用对象是体育学科专家、体育教师以及具有一定改造体育课程内容资源能力的学生。从各个体育课程内容资源开发主体的不同特点来看，使用改造法最频繁的是体育教师，因为为了提高体育课程内容的适应性和可操作性，他们时刻要根据学校条件、自身特点、学生的兴趣、爱好及身心发展特点等对各种体育课程内容资源进行改造以适应具体的体育课堂隋景。

改造方法主要用于身体练习资源的开发，尤其是活动1生游戏资源和运动项目资源的开发。改造方法也可用于学生经验资源以及体育课程内容其他资源的开发，如对民族、民间歌舞的改造等。

4．改造的一般步骤

(1) 分析学生的特点和学校的条件。

如分析学生的年龄、性别、兴趣、爱好、生理发育特点、心理发育特点、生活经验基础、学校的场地、器材设备条件等，通过分析，以确定改造的具体内容和方式。

(2) 分析体育课程内容资源的构成要素。

体育课程内容资源，都是由一定的基本要素所构成，例如身体练习就是由练习方法要素、环境要素、人与人及人与环境关系要素、比赛规则要素等构成的，改造实际上就是对这些要素的不断变化、加工和修改。对某个具体的体育课程内容资源而言，从中提取一些要素，改变一些要素，增加一些要素、舍弃一些要素就可以形成一个新的体育课程内容。

(3) 按照一定的目的和原则对体育课程内容资源的各构成要素进行改造。

改造不是随意进行的，必须有明确的目的，必须遵循一定的原则。毛振明(1999)提出，在竞技运动项目教材化的过程中，应考虑从以下几个方向进行：一是向动作教育方向教材化；二是向游戏方向教材化；三是向理性方向教材化；四是向文化方向教材化；五是向生活、实用方向教材化；六是向简化方向教材化；七是向变形方向教材化；八是向运动处方方向教材化等。季浏等(2003)认为在竞技运动项目改造中要遵循主体性、主动性、实效性、可接受性、全面性、选择性、教育性、趣味性以及安全性等。本文认为，在体育课程内容资源的改造过程中需要考虑四个基本原则，即趣味性与游戏性原则、教育性与文化性原则、适应性与可行性原则以及实用性原则。

(4) 重构与修改。

即对改造后的体育课程内容资源进行重新构建，运用于体育课程的课堂实施，以了解其效果和存在的主要问题，并进行适当修改，为下一轮实施提供参考。

(三) 整合

1．整合的定义

所谓整合是指将各种体育课程内容资源的某些要素通过一定的方式有机地结合在一起，从而形成新的体育课程内容的方法。例如，把乒乓球运动和羽毛球运动整合在一起，利用木制乒乓球拍、羽毛球的球和球网以及乒乓球的基本比赛规则，就可以组合成一项新的运动项目——“搭搭球”等。

2．整合的特点

(1) 整合的范围非常广泛。

从理论上来说，整合的范围是没有边界的，其涉及所有体育课程内容资源，既有与体育课程联系非常紧密的知识、身体练习资源，也有与体育课程联系不太紧密的知识、技能或其他资源，如数学、语文、艺术等课程中的某些知识和技能等。

(2) 整合的层次和方式多种多样。

整合既可以是空间上的整合，也可以是功能上的整合，还可以是结构和要素上的整合。整合既可以发生在同一类型的体育课程内容资源之间，如知识资源与知识资源的整合，也可以发生在不同类型的体育课程内容资源之间，如知识资源与身体练习资源的整合；整合既可以发生在体育课程内部，也可以发生在体育课程与其他课程之间；整合还可以是跨领域、跨学科的，如体育与军事、体育与舞蹈、体育与医学等。整合的方式也是多样的，既可以是单一性的如两个身体练习之间的整合，也可以是综合性的如多个运动项目的整合等。

(3) 整合的关键环节是提炼。

整合的效果主要取决于对不同体育课程内容资源要素的提炼，也就是要尽可能把各个要素的最“精彩”之处结合在一起。

3．整合的适用范围

就开发主体而言，使用整合方法的主要是体育学科专家和体育教师，学生在体育教师的指导下，也可以采用这种方法进行体育课程内容资源的开发。整合的方法可以用于各种体育课程内容资源的开发。

4．整合的一般步骤

确定整合的主要目的采用整合的方法进行体育课程内容资源开发，一般有以下几种目的：一是为了发挥体育课程内容的多种教育功能，如“电脑键盘操(体操+计算机)”“英语字母操(体操+英语)”“体育+安全教育”“体育+国防教育”等，使体育课程内容不仅具有健身娱乐的功能，还有开发智力、培养审美意识和能力等方面的作用；二是为了增加体育课程内容的趣味性，如上面的“羽毛球+乒乓球”的例子；三是为了提高体育课程内容的适应性，特别是对一些学生感觉到比较枯燥、难学的内容，可以通过整合使体育课程内容更加适合学生的特点，例如“游戏+健康知识”的整合等。不管是为了何种目的进行体育课程内容资源整合，必须要明确。

(四) 拓展

1. 拓展的定义

拓展是指对原有的体育课程内容资源在形式、具体内容及功能等方面进行扩展、补充，使体育课程内容在具体内容和形式上更加完整，在功能上更加全面的方法。例如足球，除了体育教材上的内容外，还可以根据学生的特点，进行一定扩充，如增加有关足球运动的发展历史、足球动作的图片、足球赛的录像(或电影)、报纸、期刊关于足球明星的报道等。

2. 拓展的特点

(1) 拓展大都是围绕着一个具体的体育课程内容资源来进行的。

由于拓展的主要目的是为了使原有的体育课程内容更加丰满、完整，因此拓展主要是围绕着某一个具体的体育知识或身体练习等来进行的。例如，投掷内容可以从单一的右上手投，延伸到左上手投，拓展到单手下投、飘投、抛投、双手向前、向后、向上抛投等。

拓展的方式主要有内容上的拓展、形式上的拓展和功能上的拓展三种内容上的拓展主要是围绕某个知识资源或身体练习资源补充一些相关的材料，例如“吸烟与健康”的课题，就可以补充诸如“吸烟与寿命”“吸烟与疾病”“吸烟与智力”“吸烟与环境”等方面的材料。形式上的拓展是扩展课程内容呈现的形式，如对以文字形式呈现的体育课程内容，可以补充以电影、图画、照片、图表、光盘、模型等其他形式的内容。功能上的拓展主要是尽可能挖掘体育课程内容多方面的功能，例如攀爬练习，其主要功能是发展基本活动能力，为了实现不同的课程目标，可以将其功能向改善心理品质、提高社会适应能力等方面扩展等：

(2) 活动是拓展的重要途径。

特别是以学生为主体进行体育课程内容资源的拓展时，体育教师可以通过组织各种活动来进行，例如对奥运知识的拓展，就可以通过组织奥运知识竞赛、象征性奥运火炬接力、奥运演讲比赛、奥运戏剧表演、奥运物品收藏展示等多种活动来进行。

(3) 拓展方法总是与筛选和改造方法结合在一起运用。

由于拓展后的内容非常丰富，有些可能并不适合学生或学校的特点，因此必须对这些内容进行相应的筛选和改造。

3．拓展的适用范围

体育学科专家、体育教师、学生皆可以使用拓展方法进行课程内容资源开发。但这一方法通常在学校层面运用更为普遍，因此使用对象主要是体育教师和学生。

拓展方法主要用于知识资源和身体练习资源的开发，也可以用于学生经验资源的开发。

4．拓展的一般步骤

分析体育课程内容资源的性质和特点，即分析各体育课程内容资源的内容结构、呈现方式、主要功能等方面的特点，以便为如何对该内容进行拓展提供依据。

(五) 总结

1．总结的定义

所谓总结，是指对体育课程内容开发实践中的各种经验、成果等进行回顾、分析和反思，以归纳出具有典型意义的体育课程内容的方法。例如体育学科专家对中小学体育教师开发体育课程内容资源的经验进行分析与归纳等。在体育课程内容资源的开发中，总结既是一种开发方法，也是开发过程中的一个重要环节。

2．总结的特点

(1) 总结的目的是多元的。

一般来说，运用总结方法开发体育课程内容资源的目的有三个：一是为了反思体育课程内容资源开发的得与失，以便为下一阶段的体育课程实施提供依据；二是对体育课程内容资源开发中各种经验和成果进行推广，以便能为广大中小学体育教师进行体育课程内容资源开发提供可以借鉴的范例，不断促进体育课程的发展；三是对学生来说，总结是为了与其他同学分享学习经验，进一步巩固学习效果。

(2) 总结贯穿于整个体育课程实施的全过程。

总结一般发生在体育课程内容资源开发活动结束后，它既可以针对有目的、有计划的体育课程内容资源开发活动，也可以针对课程实践中随意的、不经意之间的偶然收获。例如，体育教学过程中的“灵机一动”。而针对后一种情形的总结，对体育课程内容资源的开发、对体育教师的发展有着不同一般的意义。新课程理念所提倡的反思型教师，实际上就是要求教师应该随时将教学过程中的点滴经验与教训、成功与失败总结出来。

(3) 总结的方式主要有一般性文字报告和学术论文两种。

一般性的文字总结或报告，是我们大多数体育教师以及大部分学生所采用的主要方式，比较规范的学术论文则在体育学科专家和少部分体育教师中运用得比较多。在有些学校，体育教师还十分强调学生用小论文的形式来总结其在体育课堂上的主要收获(卢青，2003)，这种做法在新课程改革提倡研究性学习的背景下，显得极有意义。

3. 总结的适用范围

体育学科专家、体育老师、学生皆可以运用总结方法进行体育课程内容资源开发。总结方法适用于对知识资源、身体练习资源、学生的经验资源及其他体育课程内容资源的开发。

4. 总结的一般步骤

反思开发过程即对体育课程开发过程中的各种经验，以便能从中发现一些有价值的经验，形成文字材料。在反思的基础上，把反思的结果用报告心得、教训等进行反思和回顾：反思尽可能要详细，以小论文、学术论文及专著等形式反映出来。

第五节　课外和校外体育资源的开发与利用

我国地大物博，各地区的地理、气候、经济、文化等差异很大，各地区都拥有丰富和独特的校外体育课程资源，这些资源的合理开发，将为体育课程改革提供十分有利的条件。近年来，为了使体育课堂生动活泼，不少学校都开始在积极地尝试开发校外的体育资源。

一、课外体育资源的开发

这里所说的课外泛指上课前、课间和课外体育锻炼时间等。开展课前和课间体育锻炼活动，可以把课间操时间延长到20～30分钟，开展大课间体育锻炼活动，改变课前和课间只做广播操的单一活动内容，增加防治脊柱侧弯操、眼保健操、跑步、球类活动、民间体育、游戏活动等内容。学校应抓好课外体育锻炼和校内体育比赛，应保证学生每天一小时的锻炼时间。锻炼内容由锻炼小组或班级确定，学生也可以自选锻炼内容。

(一) 引导学生参与课外体育活动，丰富课余生活

随着社会经济和文化的发展，现在城市里一些学生的课余生活只剩下吃饭、睡觉，或沉溺于网吧、电视、手机游戏，置身体健康而不顾，影响了健康，令家长十分担忧。由于课外体育活动在时间的安排和地点的选择上都具有较高的自由度，而且课外体育活动也不只局限于校内，在校外进行体育锻炼也是另一条途径，校内与校外锻炼相互结合，已成为课外体育发展的新方向。

1. 引导学生参与体育锻炼，营造校园体育文化

随着全国亿万学生体育运动的广泛开展，让全体师生走向操场，走到太阳底下，积极参加体育锻炼。掀开了冬季象征性长跑活动，但这并不是取消学生的喜闻乐见的其他锻炼形式。国家要求学生每天锻炼一小时，如果只参加长跑活动，不再参加其他体育锻炼，学生每天一个小时体育锻炼时间就难以保证。在当今国家推行“阳光体育与祖国同行”的热潮中，学校课外体育活动的开展跟学校体育文化的氛围分不开。体育课在时间上和内容上都不允许也无法满足学生体育锻炼的要求，只有利用好课外体育活动，而课外体育锻炼的手段是以学生自主练习为主，教师可以通过课堂教学引导，让学生学会在课外时间进行体育锻炼。

为了丰富课余体育活动内涵，在校内还可以举行各种类型的体育知识讲座、体育演讲比赛、体育图片展览等活动。通过这些活动的展开，不仅可以活跃校园文化和营造体育文化氛围，而且还可以扩大学校体育活动资源，丰富学生的课余文化生活。

2. 发挥地域优势，让锻炼走出校园，延伸到野外

校外体育锻炼是指学生在学校以外参加的体育锻炼活动，充分利用自然力因素(阳光、空气、水)，能有效促进青少年的正常发育，提高身体基本活动能力，运动能力和提高身体素质以及对客观环境的适应能力，取得动态平衡，有利于增进健康，增强体质。对于生长在农村的学生来说，对周围自然环境相对较为熟悉，如爬山游泳等都是其利用自然环境进行身体锻炼的好方法。体育教师可以根据当地的实际情况，有意识地指引学生学会在校外进行体育锻炼。

(二) 开展多种形式的体育活动，丰富课外体育活动的内容

课外体育活动的组织形式灵活，内容方法是多样的，课外体育活动是不受大纲、教材限制，因而在学校开展课外体育活动具有鲜明的课余性、广泛的群众性。所以它的组织方法非常灵活，既可以班级形式进行，也可以小组或个人的形式进行，活动内容也丰富多彩。

1. 全校性的体育活动

在全校开展课外体育活动，是在学校统筹安排下，以年级或班级为单位进行的课外体育活动，具有一定的指令性，是课外体育活动的主体。全校性的体育活动有如广播操、眼保健操、游戏、体育舞蹈等项目，这些体育项目的实施开展一般都受到学校的重视、并制定相应的检查制度。

2. 班级体育活动

班级体育活动是将全班分为若干小组，在体育教师或班主任指导下，在班干部的带领下进行的体育运动，如开展集体舞、各种体育游戏(如：一分钟跳绳比赛接力)等，既可增强班的凝聚力，又可丰富班的文体活动。

3. 个人体育活动

个人体育活动可在校内也可在校外，学生根据自己的兴趣和实情，自行选择体育项目进行锻炼。体育教师在教学中要加以引导学生加强课外体育活动。

(三) 筛选适宜的运动项目，发展传统项目

大部分学校人多，运动场地少，运动场根本满足不了学生的运动需求。选择

一种切实可行的运动方式成了学生进行运动的一个难题。开展毽球运动切合我校目前实际情况，其设备简单，所需场地小，运动量大小可控，因人而异，所有学生都可以参与其中。

小学体育选项教学过程中，我们清楚地看到学生对现有的体育教学内容和运动竞赛有着明显的选择，如：篮球、毽球等。而对乒乓球、武术等，产生漠视，参与甚少。

(四) 开展课外运动竞赛，激发学生运动兴趣

课外运动竞赛是推动校内外群众性体育运动的广泛开展和增强学生体质的基本途径之一，也是普及和提高学校体育运动的重要措施。以竞赛的方式组织毽球赛、踢毽比赛和其他球类的技术比赛或小型多样的趣味比赛，在竞赛中培养和激励学生的学习积极性。各种比赛在教师的指导下，由学生共同组织参与、策划，充分锻炼学生参与活动的自主性和创新性，让他们体验参与成功的快感。

课外体育活动资源的开发利用，不仅可以在课程内容的开发、自然地理环境的利用、体育设施的改造，而且可以在人力资源和体育信息资源等方面的开发。这就需要体育教师有意识地“开发”出更实用的课外体育活动的资源，丰富校园体育文化活动，促进“阳光体育与祖国同行”的开展。

二、校外体育资源的开发与利用

(一) 家庭体育活动

随着物质生活的不断提高，人们的生活质量也在不断改善，体育锻炼越来越受到人们的普遍重视。在经济发达地区或收入较高的家庭，人们已把体育作为一种生活方式和消费形式纳入正常的家庭生活之中。有的家庭体育锻炼习惯非常好，他们把体育活动作为家庭生活的一个重要组成部分，一家人在一起进行欢快和谐的体育运动，家长运用自己的经验和方法指导子女们进行身体锻炼，子女们也运用自己学到的体育知识、技能和技术和家长进行切磋交流，既锻炼了身体，又增进了交流，其乐融融。但是，由于经济发展的不平衡性和城乡生活方式的差异，

并非所有的家庭都具有体育锻炼的条件和习惯。应运用学生的带动作用，发挥家长的督促作用，以此促进家庭体育活动的开展。

（二）社区体育活动和竞赛

近几年来，生活逐渐富裕的人们，对文体娱乐活动的需求不断增大，体育作为社区开展活动最基本的形式之一，普遍受到人们的欢迎，活动形式丰富多彩，活动内容五花八门，民间的、民族的、传统的、现代的应有尽有，各种体育类活动和竞赛开展得有声有色。社区领导出谋划策，专业人员组织指导，民间艺人各显其能，男女老少积极参与。特别是每到假期，各地学生利用自己的特长，参与社区文体活动，为社区文体活动注入了朝气和活力，壮大了社区活动的力量。学生利用节假日积极参加社区的文体活动，不但丰富了自己的人生阅历，同时也是进行社会实践的好机会。

（三）区县镇村的体育活动和竞赛

区县镇村等组织体育活动和竞赛，是活跃人们的文化生活，展示良好的精神风貌，增强凝聚力，培养集体主义荣誉感的具体体现，也是社会主义精神文明建设的具体体现。各级职能部门每年都安排一些群众性的体育活动和竞赛，对于各类体育活动和比赛，相关部门和单位大都非常重视，充分发挥体育的作用，调动人们参加体育锻炼的积极性。学校也应抓住这些机会，积极组队参加各类活动和比赛，让学生通过参加各种活动和比赛来锻炼自己，提高自己的水平。

（四）体育俱乐部活动

体育俱乐部是最近几年发展起来的一种新的体育活动模式，大中城市和经济发达地区的小城镇以及乡村等各种规模的体育俱乐部的诞生，为人们从事体育活动提供了非常好的条件。特别是“政府投资、立足学校、自主经营、服务校内外”的体育俱乐部，为学生参加体育活动创造了物质条件。除正常的教学活动外，学生根据自己的爱好和特长，以会员的形式参加俱乐部各单项体育组织，在专业人员的指导下，掌握体育技术，提高运动技能，为终身从事体育锻炼奠定良好的基础。

（五）节假日体育活动和竞赛

近年来，“五一”“十一”、春节等节假日，不但加快了旅游业等行业的发展，也为开展体育活动和比赛提供了较为宽松的时间。学校应充分利用好各种节假日的时间，除了自己组织一些体育活动和比赛外，还应积极号召学生参加各级各类体育活动和比赛，为学生提供锻炼机会。

第七章　体育教学设计理论体系的构建

第一节　体育教学设计理论体系构建的环境

一、《体育(与健康)》新课程实施的要求

在《体育(与健康)》新课程的实施推广过程中，一线的中小学体育教师普遍反映最为强烈的一个问题是“我究竟该如何上课？”。在与上海、浙江、江苏、山东、安徽等省市近 500 名中小学体育教师的座谈中发现，他们当中不管是副校长、教导主任、教研组长，还是普通教师，都接受过不同层次、不同形式的“新课程标准”的培训，对新课程理念和教学理论也都有不同程度的理解和把握。但是，问题的焦点主要集中在如何在体育教学实践中贯彻新课程、新理念，在课程标准的指导下，究竟该教什么，怎么教，为何教。在体育教学实践中，具体该如何制定课程实施方案、制定教学计划？怎样确定并陈述具体的教学目标？选择什么教学内容并如何选择？学习任务该如何分析？具体教学过程该怎样设计？怎样去评价一堂体育课？等等，对这些在体育教学实践中具体碰到的实际问题，教师还感到一片迷茫，还缺乏一定的理论和专业技能，但有一点值得庆幸的是，我们已隐约看到了广大体育教师的专业觉醒和专业自觉。

在体育教学理论、新课程理念与学校体育教学实践之间，似乎还缺些什么，架构些什么来联结体育理论与体育教学的实践，用什么来填补它们之间的空白呢？我们的思维在理论与实践的断裂处穿行……

二、体育教师专业发展内涵的要求

教师专业发展问题在 20 世纪七八十年代成为欧美国家教育界一个蓬勃发展

的研究领域，不仅“师资培育”已经逐渐发展成为“专业教育”的形态，在职教师的持续专业发展也已变成一种“常态性”的期望，教师专业发展成为传统的“师范教育”与“教师在职进修”概念的整合与延伸。教师的专业发展这一概念把教学工作视为一种专门职业，把教师视为一个履行教育教学工作的专业人员。要成为一个成熟的教育专业人员，教师需要通过不断的学习与探究历程来拓展其专业内涵，提高专业水平，从而达致专业成熟的境界。

从教师专业发展的内涵来看，根据教师所从事的工作特点，一般认为教师的基本素质要求应涵盖三个基本范畴：即教师专业知识的发展(普通文化知识、任教学科知识、教育学科知识)、专业技能的娴熟、专业情意的健全。

教师必须具备从事教学工作的基本技能和能力，教师专业发展的过程也是一个专业技能不断形成、娴熟，专业能力不断提高的过程，这是体现“教师教学行为专业性”的重要方面。那么，教师专业发展过程中应关注哪些基本技能和能力呢？

1994 年，原国家教委颁布的《高等师范学校学生的教师职业技能训练大纲(施行)》，要求师范生在教育学、心理学和学校教育理论指导下，以专业知识为基础，掌握从事学科教学的基本要求，形成独立从事学科教学工作的技能。这些技能包括：

(1) 教学设计技能；

(2) 应用教学媒体技能；

(3) 课堂教学技能；

(4) 组织指导学科课外活动技能；

(5) 教学研究技能。

在上述有关教师的职业技能要求中，第一条就要求教师具备“教学设计技能”，而教学媒体的应用、课堂教学技能、课外活动的组织指导、教学研究的技能等也都属于教学设计研究的范畴。体育教师是一个履行体育教学工作的专业人员，体育教学设计技能也是体育教师专业发展的要求。

《体育(与健康)》新课程，在课程功能、结构、内容、实施、评价和管理等方面都较以往有了重大创新和突破。它要求广大体育教师改变多年来习以为常的教育观念、教学行为和工作方式，重塑自我，重构课堂，重建教学，对教师专业发展提出了严峻挑战，促使我们必须在新课程背景下重新认识教师专业发展。

然而，纵观我国体育教师的教育培养，在体育教师专业发展的整个过程中，不管是职前的师范教育还是职后的体育教师在职进修、培训，都缺乏对体育教师专业技能——“体育教学设计”的培养，具体表现在理论的匮乏和课程的缺失上。

所以，构建体育教学设计课程的理论体系，使体育教师掌握体育教学设计方面的理论知识和实践技能，是体育教师培养和发展的专业理论结构的自我完善，是体育教师专业发展的要求，更是实施《体育(与健康)》课程标准过程中急需解决的一个重要问题。

第二节　教学设计理论研究综述

一、教学设计理论研究概述

教学设计是在教育哲学、教育心理学理论指导下，从教育技术领域中发展起来的一种教学系统方法，其特征是通过技术的手段使教学更加卓有成效。

教师在掌握了各种专业知识(普通文化知识、任教学科知识、教育学科知识)、媒体的设计和使用方法后，关键在于能否运用系统理论和方法对各种学习资源及整个学习过程进行优化处理，促使有效学习发生在每个学生身上。从传统的教学观点来看，教学过程涉及教师、学生和教材。学习的内容包括在教材中，将这些内容“教”给学生就是教师的责任。教学被看成是将教材中的内容装入学生的头脑中且在考试时再次被提取出来。这样，改进教学的方法就是提高教师的水平，或者说，教师将拥有更多的知识以及掌握将知识传递给学生的多种方法。教学过程的现代视野则将教学的过程看成为一个系统的过程，这一过程中的每一个部分对成功的学习而言都是至关重要的。因此，优化教学过程是十分重要的。要实现这一目标，就必须掌握教学设计的理论和方法。从这一方面来说，教学设计是现代教育技术的核心内容。

(一) 教学设计的思想萌芽

由于教学设计学是融合了许多不同学科的重要理论概念而形成的一个新的知识体系，因此它的出现与发展同其他学科的发展有着密不可分的联系，其中教育学、心理学、传播理论发挥了重要的作用。

建立教学设计学的构想最初来源于美国哲学家、教育家杜威(John Dewey)，他提出应建立一门所谓的“桥梁科学”(Linking Science)，以便将学习理论与教学实践连接起来，目的是建立一套系统的与教学活动有关的理论知识体系，以实现教学的优化设计。但由于当时条件的限制，教学设计学还仅仅是处于萌芽状态，并未形成系统的理论体系。

(二) 行为主义学习理论对教学设计的影响

教学设计理论体系的建立和发展主要取决于两方面的因素，即教育心理学的发展和社会的需求。在教育心理学研究领域，斯金纳(B. F. Skinner)、加涅(R. Gagne)和奥苏伯尔(D. Ausubel)等人发挥了重要的作用，正是他们真正创立了这门学科。

教学设计概念的产生可以追溯到第二次世界大战。由于战争的需要，美国军队必须对士兵进行一定的培训以掌握先进武器中的技术。大量的从事心理学和教学研究的专家被应征入伍以便完成培训和提高教学质量。他们将研究中所得出的学习规律应用于教学，形成一整套系统分析的方法。例如，行为分析，为特定学习目标而进行的教学设计等，就是应用教学设计理论的最初尝试。但是当时的大部分教学尝试都以失败告终。曾参与这些培训计划的学习心理学家加涅在总结经验教训的基础上提出了自己的教学设计思想。其基本观点是：按知识学习从简单到复杂、从低级到高级的顺序，等级化地安排教学步骤，从而促进知识的获得。他的学习任务(特别是智力技能学习任务)分析的思想对现代教学设计学的发展做出了重要的贡献。

至 20 世纪中叶，行为主义迅速发展，行为主义学习理论代表人物斯金纳提出了刺激—反应(S．R)理论并将它应用于教学实践，出现了程序教学和教学机器。

其基本思想是：将学习内容分成一系列小步子，后一步的学习必须建立在前一步知识掌握的基础上。学习者主动从事这些小步子的学习，自控学习的进度，就能获得好的学习效果。如果学习取得成功，则应立即给予学习者以“报偿”。在这一理论的指导下，美国于 20 世纪 60 年代兴起了一场“程序教学运动”。程序教学以其精确组织的个别化、自定步骤的学习，确立了许多有益的指导原则。它建立的一系列学习原则和开发程序教材的系统方法，对教学设计理论模式的发展具有重要的影响。此外，在这一时期中，奥苏伯尔的渐进分化的思想，如运用先行组织者，然后呈现一系列具体的下位概念和例子；布鲁纳(J．Bruner)依学生成绩而逐渐提高学习复杂性的思想；马克勒(S．Markle)和墨里(J．W．Moore)等运用教学理论促进概念获得的思想，都对教学设计的发展做出了较大的贡献。

在 20 世纪中期，除了教育与心理学对教学设计的发展起较大作用外，有两个社会事件同样促进这一研究领域的发展。一是二战后婴儿的出生率大幅度提高，对当时的教育体制提出一个难题，学校被迫吸收大量的学生，为了保证教学质量，必须进一步改进教学方法。二是苏联于 1957 年发射人造卫星，美国教育与技术方面的优势感荡然无存，当时的教学方法与手段再一次受到挑战。正是这两件事促使美国政府下定决心，投入大批资金对课程与教学方法进行改革。而在欧洲，战后经济的恢复与发展要求教育的投入比重加大，如德国的教育发展目标是扩大办学规模，提高受高等教育的人口比率，但这对学校所能提供的教育系统与课程提出挑战。要解决这一问题就要求学校能够提供足够的教育资源。

在教学设计的早期发展阶段，教学设计明显地带有行为主义色彩。研究者都倾向于形成一种理想的基于系统理论的教学方法，其目标在于形成一个教学方案，从行为层面明确教学目标，帮助大多数学生完成学习任务。如在《准备教学目标》(Preparing Instructional Objectives)一书中，马杰(R．Mager，1962)详细阐述了可观察、可测量的行为目标。这一时期的教学设计依据行为主义总结出来的一些学习规律，主要进行任务分析和确定学习的行为目标。任务分析的目的是确定学习者将要完成任务的子能力或任务的构成，设计一些子目标来促使学习者获得这些子能力。安排这些子能力的教学步骤可以导致一个学习者学习任务的完成或教学目标的实现。

(三) 认知学习理论对教学设计的影响

从教学设计发展的第一阶段可以看出，程序教学是教学设计的方法学上的依据。但是在 20 世纪 60 年代末，这一依据受到来自理论与实践的双重困难：在理论上，斯金纳及其他行为主义者提出的学习理论过于简单化，忽略了学习者主体因素和教学情境的变化，尤其对于课堂中复杂的学习任务不能解释，而一些强化、奖励、行为目标的观点或结论也被后来的研究者所否认或修正。同样，在教学实践中：程序教学中的一些材料往往没有传统的教学材料有效。于是，教师开始对这一教学设计的有效性产生怀疑。

在 20 世纪 60 年代末以及整个 70 年代，认知学习理论逐渐代替行为主义，成为教学设计的指导思想。教学设计研究者开始从教学的行为模式转向以学习者心理过程为基础的教学理论。这一时期，研究者重新考虑学习理论，以及如何将这些理论与教学设计相联系：他们试图详尽阐述学习者学习的内部过程和内外条件并据此进行教学分析。行为目标式的任务分析开始转向注重教育情境中的不同知识与技能领域内的能力发展过程设计。研究者运用任务分析的方法来区分某一特殊领域内的新手和专家，并确定各自的专业知识与技能的特点，特别是专家的认知结构与信息加工方式，例如注意与记忆的特征以及知识贮存的方式等(Glaser，1978)。他们希望通过此类研究确定学习的规律和特点，并通过教学促进有效的学习。加涅等人(1992)也将自己的教学设计与认知理论相结合。他将学习结果分为五类：言语信息，智慧技能，认知策略，动作技能和态度。除了学习过程中的一般因素，如联系和强化等，这一理论还强调依据不同的学习结果类型确定学习的内外条件，教学应与学习者先前学习行为相联系。梅里尔(M．D．Merrill，1983)提出教学设计的成分呈现理论。这一理论虽来源于加涅的思想，但更注重教学的实效。他在概念学习研究的基础上，设计了一套用于呈现教学内容的教学呈现分类技术，用以传达学习信息和向学生提问，并将学习结果的分类进一步扩展，即将学习内容和学习行为表现分离开来。

此外，认知心理学中关于知识生成的研究结论也被应用到教学设计中，这些研究产生了许多针对学习过程的策略，如问题解决策略、信息组织策略、降低焦虑策略、自我监控策略、元认知与执行性策略等。而这些研究使得研究者更新了原先的一些教学设计观点，例如，熟练的自动化技能与认知策略具有不同的学习特点与教学特点；复杂学习任务必须建立在低一级子能力或任务的掌握基础之上等等。

(四) 教学设计理论的整合

到了 20 世纪 80 年代，教学设计研究者开始倾向将不同的教学设计理论综合成一个行之有效的总体模式。

赖格卢特(C. Reigeluth)的精加工理论就是这样一个整合的教学设计理论。

这个理论要求教学设计者通过分析，将概念按照其重要性、复杂性和特殊性进行排列：教学先从大的、一般的内容开始，逐步集中于任务成分的细节和难点，然后又整合成一个较大的观念。通过这样的反复过程，学习者可以获得对这一知识的细致化的理解。这一理论综合了多种不同的理论观点，包括加涅和奥苏伯尔等人的思想。另外一个教学设计整合理论是藤尼森(Tennyson)等人提出的概念教学理论。他们强调概念教学包含三类知识(陈述性知识、程序性知识和策略性知识)的教学，每一类知识需要不同的教学策略。而教学策略的选择则需要对学习内容和学习者的需求进行分析。这一理论的任务分析强调的是学习情境而不是学习行为的特征。

在 20 世纪 90 年代，建构主义理论对教学设计理论起了较大的作用。在这一时期，学习者与教学媒体、教学情境的结合是教学设计发展的一个重要特征。根据建构主义的观点，学习者具有积极的自我控制、目标导向和反思性特点，通过在学习情景中的发现过程和精加工行为，学习者能建构自己的知识。因此，可以利用灵活、智能化的处理来满足变化着的学习需求。建构主义这种强调教学整体性、变化性的思想导致教学设计理论中一个重要的思想变化：学生学习的内容应该是知识与技能的整合体，而不是各种子能力或任务的分解：教学设计的内容应该是与特定教学情境相联系的学生整体知识的获得与运用。

20 世纪 80 年代末、90 年代初，教学设计的理论与实际工作者仍继续关注具体领域的能力结构及学习过程，并设计教学方案来促进这种能力的形成。在不同教学方法中，无论是强调成分技能获得的掌握学习模式，还是强调整体能力提高的结构化学习模式，它们都蕴涵着这样两个思想：①学习是情境化的，是一个积极运用原有知识来完成特定问题解决任务的过程；②问题解决策略的运用具有十分重要的作用。因此，在行为主义者眼中，学习者为情境所塑造；而在认知心理学研究者眼中，学习者积极地塑造情境来促进自己的学习。

二、教育教学设计理论的研究方法

(一) 文献法

在书店、图书馆、因特网搜集、查阅有关教学设计、教育心理学、教育社会学、教育技术学、学校体育学等方面的与本研究有关的大量文献资料和研究成果，并对资料进行整理和归纳，为建立体育教学设计理论奠定基础。

(二) 调查、访谈法

专家调查法：主要通过专家访谈和专家问卷调查来获得本研究基本论点的验证。

以实地调查研究和参与观察为主，同时也包括访谈法、问卷法和案例分析法，来获得体育教学设计的现状，是本论文资料收集的关键方法。

(三) 逻辑学方法

运用逻辑学方法，在分析、比较诸如教学、学习、教学设计、体育教学理论、体育教学法等概念、本质和有关理论观点的基础上，提出体育教学设计的基本概念和理论体系，并提出了一些具有创造性的设想。

(四) 统计分析法

对调查所获得的资料和数据的处理，运用 Excel 制作调查统计表，并进行数据统计。

第三节 体育教学设计理论体系的构筑

体育教学设计是一项系统设计体育教学过程的教学技术，它揭示了体育教学设计工作的规律，并运用这些规律来指导体育教学实践，提出设计体育教学的实际建议，包括工作步骤和具体做法，以便广大体育教师和体育教学设计人员使用。

作为一名体育教师，几乎无时无刻不在做教学计划，包括年度计划、学期计划、单元计划、每周计划及课时计划等，而且这些不同水平的计划必须协调一致，并与整个教学的目标相一致，这就要求教师具有较高的教学设计水平。体育教学设计是一项复杂的技术，需要心理学、教育学及其他相关的学科知识作指导。只有掌握了这些基础的理论与技术，才能更有效地组织体育教学。

就体育教学活动进行设计，对广大体育教师来说并不陌生。在正式开始一堂体育课的教学之前，教师需要考虑学生现阶段的学习情况、下一步的教学目标和实现该目标的教学步骤；在教学过程中，教师需要考察学生的理解和掌握情况，并在教学完成后对教学目标的达成情况进行评价。所有这些都是体育教学设计的重要内容。

一、体育教学设计的概念

体育教学设计，亦称体育教学系统设计，是面向体育教学系统、解决体育教学问题的一种特殊的设计活动。它既具有设计的一般性质，又必须遵循体育教学的基本规律。

(一) 体育教学的概念

教学是通过信息传播促进学生达到预期的特定学习目标的活动。教学的目的在于使学生掌握原先不知道的知识，获得原先不具备的技能，形成原先所没有的态度，进而在原有基础上发展学生的智力。教学与教育的概念既有区别又有联系。教育一词的覆盖面较广，它代表了一切与人们学习有关的活动，既包括学校中系统的信息传递活动，也包括家庭教育、个人自学等。但要使学生能尽快掌握知识和技能，就必须对学习活动进行精心设计与安排，提供有利的学习条件。我们称这种有组织、有计划的教与学的活动为教学。目标指向性、组织性和计划性是教学活动的重要特点。

体育教学包括体育科学理论知识的教学和体育运动技术、技能的实践课教学，并且以后一种教学为主。体育教学作为一个教育过程，同其他学科的教学有相同之处，即都是教与学的双边活动，都是在教师的指导下，有目的、有计划、有组织地实现教育、教养、发展任务的过程。但体育实践课教学又有自己的特点：以身体活动为主要手段来传授和掌握知识、技术、技能。

体育教学是教与学的统一活动，是学生在教师有目的、有计划、有组织的指导下，积极主动地学习体育、卫生保健知识和基本技术、技能，锻炼身体、增强体质、促进健康、发展运动能力、培养思想品德的教育过程。

（二）设计的概念

建筑有建筑设计、室内装潢设计，服装有服装设计，出版有封面设计、版式设计，教育也有教学设计。许多领域都把设计作为自己工作的一个有机组成部分。设计这个术语指的是：为了解决一个问题，在开发某些事物和实施某种方案之前所采取的系统化计划过程。设计与其他形式的计划的区别在于，它在计划过程中所要求的精确性、仔细性和科学性的程度不一样。设计者在系统地计划项目时必须非常精细和科学。因为他们知道，粗劣的行动方案会导致不良的后果，如造成时间、人力、物力和其他资源的浪费，甚至危及生命。教学设计者也特别担心不好的教学设计方案会产生乏味、无效的学习，其后果有时会非常严重。在体育教育方面，其后果便突出地表现在“学生喜欢体育，而大部分学生不喜欢上体育课。”

设计要科学、合理，要遵循一些基本标准，如大楼设计要服从安全第一这个原则。须考虑许多因素，这些因素会影响计划的实施。教学设计者也要考虑能影响教学取得成功的各种因素。我们将逐一指出并阐述体育教学设计者在制定体育教学设计方案时应该考虑哪些因素，并将它们纳入一个系统化的体育教学设计过程模式。

设计追求创造性。若由几个建筑设计师分别设计同样的项目，虽然人、财、物和环境等条件相仿，但提出的结构方案可能会极其不同，有些方案可能是富有想象力和创造性的，而有些则可能比较呆板和陈式化。那些富有想象力和创造性的建筑会给人留下深刻印象，而那些平庸之作马上会被人完全忘记。正像建筑设计得益于创造性和想象力那样，教学设计的工作也是如此。虽然有关的体育教学设计理论会讨论到一些教学设计时需要操作的规则，但使用这些规则时必须赋以想象和独创，使设计出来的教学方案不仅切实有效，而且别具一格。

总之，设计几乎涉及人类社会的方方面面。人们为了达到某一目的就要精心构造达标的方案。同时，任何有目的的活动领域都离不开人的思考、判断、决策和创新。因此，设计的本质在于决策、问题求解和创造，设计活动具有科学的、艺术的和技术的多重性质。

(三) 体育教学设计的含义

体育教学是体育教师引起、维持、促进学生体育学习的所有行为方式。体育教师的主要行为包括教师的示范、师生对话与指导，辅助行为包括激发动机、期望效应、课堂交流和课堂管理等；体育教师通过这些行为活动，在课堂上有计划、有组织、有目的地使学生获得体育知识、技能，形成道德品质和世界观，发展智力和个性。为了提高体育教学的质量，在实施教学前，体育教师要对教学行为进行周密地思考和安排，考虑教什么、如何教、要达到什么要求等，也就是必须对体育教学活动进行设计。

综合上述体育教学和设计两个概念，我们大致可以认为，体育教学设计是指以体育专业理论(运动人体科学的基础理论、体育心理学、体育教学理论等)以及学习理论、传播理论、教学媒体论等相关的理论与技术为基础，运用系统方法分析体育教学问题、确定体育教学目标、设计解决体育教学问题的策略方案、试行方案、评价试行结果和修改方案的系统化计划过程。它不是力求发现客观存在的尚不为人知的体育教学规律，而是运用已知的体育教学规律去创造性地解决体育教学中的问题。

“教师是人类灵魂的工程师。”一个体育教学设计者就是一个工程师，他们要根据过去已经获得的成功的体育教学原理来计划自己的工作，帮助学习者改变自己的思想、知识、行为、体能，力图使自己设计的成果不仅有实用价值，而且能吸引和感染他们的“用户”。

事实上，有事业心的体育教师为了追求教学的效果和效率，都在自觉不自觉地进行着体育教学设计工作，但这种设计往往受到教师自身教学经验、知识水平、传统习惯、工作环境等因素的限制，所以它是一种经验式的体育教学设计。现代教育技术意义上的体育教学设计本质上是一个分析体育教学问题、构建解决方案，并对该方案进行预试、评价和修改，为体育教学最优化创造条件的过程；形式上是一套进行系统化计划的具体工作步骤和程序；实际成果是经过验证的各个层次的体育教学系统实施方案，包括体育教学目标、教学计划、教学大纲、教学进度、教学方案和为实现一定体育教学目标所需的整套教材(印刷的或视听的)、学习指导、教师用书等。

二、体育教学设计的特点

体育教学设计与体育教学理论、体育教学法、教师的教案，既有区别又相互联系。

体育教学理论是研究体育教学一般规律的科学。它的研究对象包括体育教学在整个体育教学活动中的地位和作用、体育教学的目的和任务、体育教学过程、体育教学原则、体育教学内容、体育教学手段和方法、体育教学组织形式，以及教学效果或学习成绩的检查和评定等。对上述内容，体育教学理论注重理论探讨。因此，它是应用性的理论科学，对体育教学设计具有直接的指导作用。

体育教学法包括一般教学法和专项教学法。一般教学法研究各门术科共同的教学任务、过程、原则、方法、组织形式等；专项教学法则分术科专项进行研究，突出各术科自身专项教学的特点。体育教学法的主要特点是对体育教学的方法展开细致和深入的研究；而专项教学法为各门具体术科的教学设计提供了理论依据。体育课教案是以课时为单位设计的实际教学实施方案，是体育课堂教学活动的重要依据。通常包括班级、术科项目、上课时间、课的类型、教学目标、教学方法、教学内容、时间分配、教学媒体的使用等。教案是体育教学设计的具体产物之一，是体育教学设计指导体育教学过程的具体体现。教案主要考虑的是“教”的方案，而不是“学”的方案。体育教学设计则也关注“学”的方案，它并不仅仅局限于得出一套针对某一体育教学内容的教案，它需要对教与学的各个方面进行系统分析，提出教学方案，并不断修正方案，是一个连续的、不断改进和提高的过程。

就体育教学设计工作本身来说，它具有系统性、灵活性、科学性和艺术性等特点。

(一) 体育教学设计的系统性

体育教学设计过程是一个科学逻辑的过程，体现了体育教学设计工作的系统性。在进行体育教学设计时，需要在分析论证所存在的教学问题的基础上设定目标，然后密切围绕既定目标设计教学的各个环节，从而保证了“目标、策略、评价”三者的一致性。体育教学设计从体育教学系统的整体功能出发，在工作程序上，往往不是先完成一步再开始下一步的，而是不断往复、相互补充，综合考虑教师、学生、教材、媒体、评价等各个方面在体育教学中的地位与作用，使之相辅相成，互相促进，产生整体效应，保证了体育教学设计整体上的系统性，达到体育教学效果的最优化。

(二) 体育教学设计的灵活性

虽然体育教学设计过程具有一定的模式，需要按照既定的流程进行，但体育教学设计的实际工作往往不一定按照流程图所表现的线性程序开展。有时候，没有必要或不可能完成所有的工作步骤。例如，学习需要分析是体育教学设计过程模式中一个重要的教学设计环节。但我国中小学体育教学属于基础教育，由国家教育决策部门统一制定《体育(与健康)》课程标准，因此，中小学体育与健康课的教学设计，就不需要再到社会上去进行对学习需要的分析论证工作。所以，在进行体育教学设计时，我们应根据不同的情况和要求，灵活地决定从何处着手工作，重点解决哪些环节的问题，略去一些不必要开展或无法开展的工作步骤，因地制宜地进行体育教学设计。

(三) 体育教学设计的科学性

体育教学设计是一门科学。科学的真谛在于求真，体育教学设计是在人体解剖学、人体生理学、体育保健学、运动生物化学、体育心理学、体育教学理论等体育专业理论以及教育传播理论、教学媒体理论和教学评价理论的指导下，根据学和教的基本规律，尊重学生的兴趣爱好，尊重学生的个性特征，建立起合理的体育教学目标、内容、方法的策略体系，科学地运用系统方法对各个体育教学要素及其联系进行分析和策划。

(四) 体育教学设计的艺术性

体育教学设计是一门艺术。艺术的生命在于创造，体育教师在进行体育教学设计的过程中，要根据教材、学生的不同特点、不同的教学环境条件，发挥个人的智慧，进行创造性的劳动。艺术具有丰富的审美价值，一份好的体育教学设计方案，既新颖独特、别具匠心，又层次清晰、富有成效，会给人以美的享受。

由此可见，体育教学设计是系统性、灵活性、科学性和艺术性的高度统一和完美结合，我们既要以科学的理论指导体育教学设计，不断提高体育教学设计的科学化水平，又要发挥体育教学设计的艺术特色，不断进行体育教学艺术的创造，力争使体育教学设计达到完美的境界。

三、体育教学设计的意义

体育教学设计既是体育教学中的一个重要环节，也是一项复杂的体育教学技术。学习体育教学设计具有十分重要的意义。

(一) 有利于体育教学工作的科学化

传统体育教学中也有体育教学设计活动，但大都以课堂、书本及教师为中心，有的却又片面地强调体育教学中学生的主体作用，以儿童(学生)为中心，教学上的许多决策都是凭教师个人的经验和意向做出的。例如，在制订体育教学计划时，教师往往根据本人认为某内容是否重要，对有关内容是否熟悉，有无现成教学大纲可用等来决定教学内容。有经验的教师凭借这种途径也能取得较好的效果，这正是体育教学艺术性的表现。但对于绝大多数教师来说，能掌握这门艺术的人毕竟有限，而且教学艺术难以传授。体育教学设计则克服了这种局限，将体育教学活动建立在系统方法的科学基础之上，使体育教学手段、过程成为可复制、可传授的技术和程序。只要懂得相关的理论，掌握科学的方法，一般教师都可较迅速地实际操作。因此，学习和运用体育教学设计的理论与技术，是促使体育教学工作科学化的有效途径。

(二) 有利于体育教学理论与体育教学实践的结合

为了使体育教学活动有序地进行，提高体育教学效果，广大体育教育工作者一直致力于探讨体育教学的机制，对体育教学过程、影响体育教学的因素及其相互关系进行研究，并形成了一套独立的知识体系——体育教学理论。但长期以来，体育教学研究偏重于理论上的描述和完善，脱离体育教学实际，使体育教学理论成为纸上谈兵，对改进体育教学工作帮助不大。这固然同理论研究不够深入有关，而更多的原因是忽视应用研究，致使在实践上无法操作造成的。而广大工作在体育教学一线的体育教师，则感到体育教学理论离他们的实际工作太远而把它们置于脑后，在体育教学实践中茫然地摸索。在这种情况下，被称之为“桥梁学科”的体育教学设计学起到了沟通体育教学理论与体育教学实践的作用。一方面，通过体育教学设计，可以把已有的体育教学理论和研究成果运用于实际的体育教学中，指导体育教学工作的进行；另一方面，也可以把在一线工作的广大体育教师的教学经验升华为教学科学，充实和完善体育教学理论，这样就把体育教学理论与体育教学实践紧密地结合起来了。

(三) 有利于科学思维习惯和能力的培养

体育教学设计是系统地解决体育教学问题的过程，它提出的一整套确定、分析、解决教学问题的理论和方法也可用于其他领域和其他性质的问题情境中，具有一定的迁移性。例如，在学习任务分析中，需要将总的教学目标分解为一系列子目标(单元教学目标和更具体的使能目标)，建立一个教学目标群，然后根据每一个子目标制定教学策略，并确定实现总目标的教学步骤。这与很多实际问题的解决思路(如现代管理学中的目标管理的思路)是相同的。另外，像教学设计的前期分析、试行评价等理论与方法，在现实的生活、工作实践中也经常运用。因此，通过体育教学设计原理与方法的学习、运用，可以培养科学思维的习惯，提高人们科学地分析问题、解决问题的能力。它不仅仅服务于体育课堂教学实践，也能运用在课程设置和教学计划的制定、专业培养方案的设计、学科的建设，甚至更广泛的其他领域之中。

(四) 有利于加速对青年教师的培养

体育教学既是一门科学也是一门艺术。虽然体育教学的艺术很难通过教学来传授，但科学的教学理论和方法则是可以习得的。我国普通高校体育教育专业对师资培养的传统做法是注重于专业知识的教学，却忽视了体育专业基础知识的具体运用、体育基本教学技能和能力的培养，年轻教师大多通过模仿和自身的经验积累来计划和组织体育教学，前辈们用 10 年时间摸索出来的经验，年轻教师也得花上 10 年时间才能积累到前辈们相同的水平，这严重地延缓了青年教师教学水平的迅速提高，影响了体育教学效果。体育教学设计为师资队伍的培养提供了一条有效的途径，教师通过学习可以迅速掌握体育教学的基本原理与方法，并在实际运用中不断熟练和提高，最终成为一名体育教学专家。

(五) 有利于体育媒体教材的开发和质量的提高

近年来，随着财政投入的增加、通信技术的飞速发展，体育现代教育技术与设施也在不断开拓、建设和发展，各级各类学校的电教器材有了较大的增长。目前所面临的重要任务之一是建设相应的体育教学节目和体育媒体教材，如体育教学电视节目、体育计算机课件等，体育媒体教材融体育教学内容和体育教学方法于一体，只有通过精心设计，才能保证质量。通过学习和掌握体育教学设计的理论与方法，可以帮助教师有效地使用现代化教学媒体，编制相应的媒体教材，在提高体育教学质量、普及各级体育教育和职业培训等各方面发挥积极作用。

四、体育教学设计的内容、分类

在了解了体育教学设计的概念、特点和意义以后，我们更想知道体育教学设计到底有些什么内容，我们学习以后能做些什么事情呢？

科学以其不同的对象而被划分为不同的学科门类。每门学科的知识体系都有自己专门的内容和分类体系，体育教学设计也不例外。

(一) 体育教学设计的内容

美国学者马杰(R．F．Maget，1968)曾比喻过教学设计的三个基本课题：我要去哪里？我如何去那里？我怎么来判断自己已经到达了那里？这就是教学设计中经典的目标、策略和评价三项基本内容。

围绕这三项基本内容，在体育教学设计时，还有一些前提性和展开性的课题。如为了明确体育教学目标，我们先要分析体育学习的需要、体育教学内容和教学对象；在制定体育教学策略的时候，我们要对体育教学媒体的选择和编制赋予必要的重视和特殊的处置；而教学评价总体上属于体育教学设计的后期工作，但它实际上贯穿在整个设计的全过程。而且，整个体育教学设计的过程又都离不开对体育教学系统的了解，离不开传播理论、体育基础理论和体育教学理论等的指导，离不开系统方法的运用。

概括地讲，体育教学设计的内容大致可以分为四大部分。

第一部分是基本概念和基础理论。它要回答什么是体育教学设计；体育教学设计与邻近概念(如体育教学理论、体育教学法、体育课教案等)的联系和区别；体育教学设计有哪些特点和作用；体育教学设计涉及哪些课题内容和方法论。它要探讨体育教学系统的构成和特性：系统方法在体育教学中的应用；体育教学设计的形成过程、应用范围和层次。它要阐述体育教学设计的理论基础：总结对体育教学设计工作有较大影响的理论流派。

第二部分是体育教学设计过程。它要说明体育教学设计前期阶段的学习需要分析、体育教学内容分析和体育教学对象分析的重要性；探讨怎样来做好这些前期分析工作。它要引用或借鉴教育目标的分类学说，依据《体育(与健康)》课程标准或“体育教学指导纲要”等法规文件，探讨体育教学目标的具体编写方法。它要验明体育教学策略的构成要素。探讨各种不同类型体育课的具体教学策略，编制体育教学方案。

第三部分是体育媒体开发。它要阐释体育教学媒体的特性；说明选用体育教学媒体的依据、程序和原理。它要探讨如何运用体育教学设计原理和方法来编制体育教学电视节目、体育网络课程、体育类计算机教学辅助软件(CAI)和学习辅助软件(CAL)等媒体教材和课件。

第四部分是体育教学评价。它要说明体育教学评价的功能和原则，及其对体育教学设计的意义。它要制定体育教学设计成果(即体育教学方案和体育媒体教材)的评价指标。它要研讨体育教学设计成果的形成性评价程序和方法，以及评价工具的编制和使用。

上述内容所反映的体育教学设计原理和方法对解决体育教学问题有普遍指导意义，但它们不是一成不变的。况且没有哪一种固定的体育教学设计模式能用以有效地解决所有体育教学问题。广大教师应该在体育教学设计实践中做到因地制宜、因人制宜，不断总结和创造新的经验，并将它们提高到理论的高度。同时，体育教学设计是应用学科，它赖以解决问题的基本前提是应用相关体育学科的理论和方法，而其本源又是体育教学实践中积累的丰富经验。因此，广大教师还要关心体育学科中运动人体科学、体育教育学、体育心理学、体育教学理论以及传播学、设计学、管理学、媒体学等领域的理论发展，及时将其中最新研究成果应用到体育教学设计的实际工作中去。经过实践检验后，再把这些理论丰富和补充到体育教学设计的内容中去，将它们转化为实际工作的指南和原则，使体育教学设计知识体系不断得到充实和完善。

(二) 体育教学设计的分类

体育教学设计是一项多因素、多层次的系统工程，它是系统地解决体育教学问题的过程，它提出的一整套确定、分析、解决体育教学问题的理论和方法也可用于学校体育的其他领域(如业余运动训练或课外体育活动)和其他性质的问题解决过程中(如设计一长期的、年度的、学期的、一周的、一次训练课的训练计划或设计运动处方等)。

体育教学设计通常有两种类型：

(1) 一类是体育课程设计，包括：①制定体育课程标准；②制定体育教学大纲；③编选体育教材；④编制体育多媒体课件。

(2) 另一类是体育课堂教学设计，包括：①学期教学计划设计；②单元教学计划设计；③课时教学计划设计。

第四节　体育教学事项设计

上述体育教学设计涉及体育教学目标设计、体育教学内容设计、体育教学方法设计、体育教学手段设计、体育教学媒体设计、体育教学策略设计等。

一、体育教学设计方法论

作为连接体育教学理论和体育教学实践的中介，体育教学设计具有方法论的性质。方法论问题对体育教学设计的发展和推广应用具有十分重要的意义。科学方法按其抽象的程度可分为三个层次。最高层次为哲学方法，它是以哲学的原理、范畴和规律为基础的研究方法。中间层次为一般方法，它是人类创造活动中带有普遍意义的方法。最低层次为专门方法，它是各个学科所采用的具体方法。体育教学设计同样也有三个层次的方法。

(一) 体育教学设计的哲学方法

哲学方法是从对自然、社会、思维的研究中概括出来的，同时又广泛地应用于自然、社会和思维领域的研究方法。它虽然不解决体育教学设计的具体问题，但为体育教学设计提供了理论基础和思想指导。

体育教学设计是针对体育学习需要，从体育教学过程的整体性出发，制定体育教学方案的系统决策过程。它涉及对体育的价值观念，体育教学的本质论等一系列认识问题。对于事物的认识科学与否直接影响到决策的正确性。研究体育教学设计的认识论问题属于哲学的范畴。

我们应从辩证唯物主义和历史唯物主义的高度，来探讨体育教学与自然、体育教学与社会、体育教学与思想的关系，为科学的体育教学设计奠定理论和思想基础。马克思主义的教学观提倡教学促进人的全面发展；主张学用结合，理论联系实际；要求人们自觉运用唯物辩证法的武器，在改造客观世界的同时，改造自己的主观世界。运用马克思主义的观点从认识论上解决体育教学理论与体育教学实践的关系，正确处理体育教学与发展、理论与实践、借鉴与创新等问题，这是做好体育教学设计研究和实践的根本保证。在体育教学设计中运用辩证唯物主义的认识论，主要解决下面三个问题：

(1) 不断更新体育教学观念。

体育教学观念不同，体育教学设计的指导思想不同，体育教学设计的重点和结果也不同。体育教学设计作为系统决策过程，它的每一步都受一定的体育教学观念所支配。例如，应试教育与素质教育、集体授课与个别化学习、以“教”为中心与以“学”为中心等。为了做好体育教学设计，教师必须树立现代体育教学观念，改变过去那些片面强调的“自然体育教学观”“体质教学观”“竞技体育教学观”“能力培养教学观”“快乐体育教学观”，摒弃那些体育课堂教学“满堂灌”、从中等学生水平出发集体授课、以教师为中心的教学观念，代之以让学生学会生存、学会学习，重视发展学生个性，以“健康第一”为指导思想，促进学生的素质全面发展，通过体育教学完成学生的教养、教育、发展三大任务。

(2) 正确处理借鉴与创新的关系。

20 世纪 80 年代初，教学设计作为教育技术的重要内容介绍到我国，引起了我国教育界的普遍关注，而体育教学设计作为现代体育教育技术的重要内容提出，本文始作开创性的尝试，其自身要完善和发展的路途还相当遥远。我们在学习外国的经验、其他学科的研究成果时应该和本国的、体育学科的实践相结合。充分吸纳西方的教学设计理论和方法、教育学理论、心理学理论、传播理论、系统科学方法等在体育教学设计中的应用，但必须认真地加以消化和吸收，取其精华，弃其糟粕：深入地挖掘我国传统的体育教育中许多行之有效的教学思想、理论和方法，结合体育专业基础理论，形成具有本专业特色的体育教学设计的知识体系。只有这样，才能在借鉴的基础上，创立适合我国国情的、凸现体育学科特色的体育教学设计的理论和方法体系。

(3) 重视体育教学实践研究。

任何理论的发展都离不开实践，只有通过扎扎实实的实践研究，获得第一手资料，才能够深化对体育教学设计理论和方法体系的认识。从体育教学设计的特点和意义来看，其本身就是一门联系体育教学理论与体育教学实践的“桥梁学科”，它注重理论联系实际，将一些体育领域中的基础理论研究的成果运用于体育教学实践。按照科学认识论的要求，应积极开展体育教学设计及其教学应用的实践活动，从中取得科学的认识或理论，再把它们运用于指导体育教学设计的实践中去，从“实践—理论—实践”的往复中，完善体育教学设计方案，发展对体育教学设计理论和方法体系的认识。

(二) 体育教学设计的系统原则

系统方法是运用系统科学的观点，研究和处理复杂的系统问题而形成的方法，即按照事物本身的系统性，把对象放在系统形式中加以考察的方法。体育教学设计中的系统方法，是在系统科学和体育教学实践的基础上产生的，是指导体育教学实践和体育教学设计活动的一般方法。

系统科学方法为体育教学设计提供了具体的分析和决策的操作过程和操作方法。它大体上分为三个阶段，即系统分析、系统决策和系统评价。在系统分析阶段，通过系统分析技术，确定问题的需求和系统的功能、目标：在系统决策阶段，通过方案优选技术，考虑环境等约束条件，优选解决问题的策略；在系统评价阶段，通过评价调试技术，实行方案，鉴定方案的有效性，进而完善已有方案。运用系统方法进行体育教学设计，应遵循下面三个原则：

1．整体性原则

它要求把体育教学设计作为一个整体加以考虑，不能只着眼于各个要素的分析和设计，或各个要素形式上的结合，应从整体与要素、要素与要素的相互联系，相互作用中，以及从系统与外部环境的制约关系中，去揭示体育教学设计的特征与规律。例如，处理好学习需要与学生特征、体育教学内容与体育教学策略、体育教学目标与体育教学评价、体育教学环境与体育教学媒体等要素和要素的相关性、制约性，使系统的整体功能大于系统中各要素的功能之和。

2．动态性原则

体育教学设计的对象是体育教学系统，这是一个有序的动态系统。体育教学系统的有序性表现为体育教学过程各要素之间相互联系、相互制约的关系是有序的；体育教学系统的动态性表现为体育教学过程处于不断的运动和发展之中。体育教学系统设计应充分考虑体育教学系统的有序性、动态性的特点，在体育教学设计和体育教学过程中引入评价和反馈机制，对过程实施有效的调控，是有效完成体育教学任务的重要保证。

3．最优化原则

最优化是指系统功能的最优化，它是体育教学系统设计的基本目标。为此，在进行体育教学设计时，应从整体最优化的目标出发，使体育教学过程的每一个要素、每一局部过程和每一环节都置于系统的整体设计之中，以协同实现体育教学设计整体功能的最优化，而且要特别注意要素之间结构和功能的相互匹配。这样才能设计出最优的体育教学方案，使体育教学达到预期效果。

(三) 体育教学设计的模式化方法

在运用体育教学理论和实践经验，通过分析和综合，创造最优化的体育教学系统的过程中，可以形成一个体育教学设计模式。由此产生的模式化方法作为与一定的设计任务相联系的体育教学设计程序和方法体系，是体育教学设计的专门方法。借助体育教学设计模式这种简化而具体的表现方式，可以了解体育教学设计的结构和过程，了解体育教学系统内各要素之间的相互关系，从而便于人们更加有效地进行体育教学系统的设计。

模式化方法中的模式分析和模式综合是逻辑思维的基本方法。事实上，模式分析是以客观事物的整体与部分的关系为基础，为了便于进一步认识事物而把相互联系的因素暂时割裂开来，个别加以研究，弄清各部分的特殊规定，以加深对事物本质的认识。模式综合是在对个别因素进行分析的基础上，综合各个因素相互关联、相互作用、相互转化的关系，以帮助人们从整体的系统结构中把握体育教学设计的本质和规律。可见，模式分析的重点是考虑各个部分的特征，模式综合的重点是考虑各个部分相互间的关系。这是统一认识过程中的两个阶段。

体育教学系统设计的模式化方法从总体上规定了体育教学设计的过程和步骤。由于体育教学设计是个复杂的系统决策过程，体现了知识的综合性、方法的实用性、结果的不确定性，因此要求教师必须有较强的分析技能、创新意识和决策水平，以便把对体育教学的设想转化为实际的体育教学成果。

总之，体育教学设计的基本任务是设计和开发经过验证的，能实现预期教学功能的体育教学系统方案。体育教师就是综合运用哲学的、系统科学的和模式化的方法开展体育教学设计工作。首先从调查研究人手，明确体育教学系统设计所要解决的问题，然后从理论和实践的结合上设计出解决体育教学问题的方案，最后经过对方案进行验证和完善，优选出最佳的体育教学方案。

二、体育教学设计过程模式

前面我们讨论了体育教学设计三个层次的方法论的问题，在科学方法的指导下，如何进行具体操作，怎样进行体育教学设计？为了解决这个问题，根据系统论的观点，我们先来认识一些一般教学设计的过程模式，然后讨论体育教学设计过程的基本要素，最后具体阐述体育教学设计的过程。

（一）一般教学设计过程模式

采用文字或图解的模式对教学设计过程进行描述是教学设计研究中体现系统

论思想的一个特色。当代关心教学实践的心理学家、教育学家、教育技术学家都常用这样的模式来简化自己对教学设计过程的看法。

格拉泽(R. Glaser)认为，教学设计的意义在于改变现存的进行状况，根据决策理论、管理科学等找出最有效的法则，以决定课程单元的教学活动。他设想的教学设计步骤为：①分析预期的能力目标；②诊断学习前的状态；③安排促进学习的程序和条件；④评价学习的结果。

加涅(R. M. Gaglle)认为，为了达到比较理想的学习结果，必须讲求教学环境的计划，而有计划的教学必须采取科学的设计原理。

他设想的教学设计步骤为：

(1) 以行为的方式叙述所界定的表现目标；

(2) 以学习阶层和任务分析为依据构建教学的进程；

(3) 筹划教学的事项，拟定教学活动，为特定学习结果准备学习的条件。

(二) 体育教学设计过程的基本要素

通过对一般教学设计过程模式的分析，结合体育教学的特点以及作者十多年体育教学设计应用实践，我们认为体育教学设计包含以下四个要素：

1．体育教学目标

要进行体育教学活动和过程的设计，必须首先明确为什么要教这些内容，通过体育教学要达到什么目标。这样进行体育教学设计，才有明确的方向和要求。

2．体育教学对象与任务分析

由于体育教学设计的一切活动都是为了学生学好体育，因此，要使体育教学设计取得好的效果，必须重视对学生情况的分析，并分析从学生的原有水平到达教学目标之间所需要的从属的知识和技能，确定它们之间的层次关系。

3．体育教学策略

这是解决如何进行体育教学的问题，是体育教学设计的重点。它包括体育教学模式、体育教学方法、体育教学形式、体育教学活动和教学媒体等的选择和设计。

4．体育教学设计方案评价

为了知道设计的体育教学方案是否能取得理想的教学效果，必须对体育教学设计方案进行评价，并在此基础上对方案进行修改。

(三) 体育教学设计过程模式

体育教学设计过程可以形成各种模式，根据体育教学理论的要求，以及体育教学的实践需要，在分析体育教学设计过程基本要素的基础上，我们通常采用以下的设计过程模式

1．体育教学设计前期分析

在设计体育教学之前，我们必须思考三个问题：为什么教、教什么和怎么教。为了解决这三个问题，体育教学设计前期分析需要考虑如下三个方面。

(1) 体育学习需要分析。

学习需要分析是解决“为什么教”的问题，它近似于我们习惯上所谓的教学目的，或教学活动预期达到的结果，但实际上在使用时它要比后者宽泛。而且，教学目的常常是相对教师的“教”而言的，学习需要则主要是相对学生的“学”而言的。

(2) 体育教学内容的分析。

体育教学内容的分析是解决“教什么”的问题。体育教师在进行体育教学设计时，要了解教师教什么，学生学什么，也就是先要知道教学内容，并对它进行详细的分析。体育教学内容，是指为了实现体育教学目标，要求学生学习的体育知识和技能的总和。分析体育教学内容是对学生起始能力变化为终点能力所需要的从属知识和技能，及其上下、左右关系进行详细剖析的过程。

运用系统论的观点对体育教学内容进行分析，主要包括以下几个方面：

背景分析。主要分析这一部分体育知识发生、发展的过程，它与其他体育知识之间的联系以及它在社会生活与锻炼实践中的应用。

功能分析。主要分析这一部分体育内容在整个体育教学内容中的地位、作用以及它的功能和价值，包括智力价值、教育价值和健身价值等。

结构分析。主要分析体育知识、概念、原理、技术、战术等的系统、层次，它们之间的关系，以及这种关系的性质、特点，从而确定这些体育知识、概念、原理、技术、战术的掌握程度和练习要求。

(3) 学生特征分析。

学生特征的分析是解决“怎么教”的问题。为了使体育教学设计能符合学生的实际情况，取得更好的教学效果，必须对学生的情况进行客观地分析。学生情况分析包括以下两个方面：

学习准备情况分析。学生的学习准备情况分成如下两类：

第一，学生的起点能力。学生的起点能力是学生对从事特定的内容和任务的学习已经具备的知识与技能的基础，以及对有关学习内容的认识水平与态度。第二，学生学习体育的心理特征分析。学生学习体育的心理特征分析是指对学生学习有关体育内容产生影响的年龄、性别、认知成熟度、学习动机、情感、意志和气质等因素进行分析。这些因素影响教师对教学内容、教学模式、教学方法和教学媒体的选择和运用。

学习风格分析。学习风格是指学生学习时感知不同刺激，并对不同刺激做出反应这两个方面产生影响的所有心理特征。学生学习有不同的风格，学习风格的差异对学生的学习和教师的教学都会产生一定的影响，通过对学生学习风格的分析，使我们能更好地针对学生的实际情况进行教学。

学生情况分析为教学内容的选择和组织、教学目标的编制、教学活动的设计、教学方法与教学媒体的使用提供可靠的依据。

2．编制体育教学目标

通过体育教学内容分析，知道要教给学生哪些体育知识和技能。在此基础上，要求对学生通过体育学习和锻炼应达到的行为状态做出具体的、明确的说明，这就是编制体育教学目标。

依据《体育与健康(体育)课程标准》，我们把体育教学目标分为：运动参与、运动技能、身体健康、心理健康、社会适应五大领域，这五大领域的具体目标又可归为认知、情感和动作技能三类。

体育教学目标编制的步骤如下：

(1) 学习体育与健康课程标准(或普通高校体育与健康课程指导纲要)、体育教学大纲。

(2) 明确单元教学目标。

(3) 了解本课时教学的具体内容和要求。

(4) 了解学生的基础和学习特点。

(5) 按照内容和水平分类确定教学目标并加以陈述。

3．学习任务分析

体育教学目标只是规定了一定体育教学活动完成之后，学生应习得的终点能力及其类型，而没有具体说明这些能力或行为倾向形成或获得的过程与条件。要使体育教学目标真正起到指导体育教学的作用，接下来还要对体育教学内容进行学习任务分析。主要包括：

(1) 学习结果类型分析。

根据加涅的学习结果分类理论，结合体育学习的实际情况，体育学习结果有以下几种类型：体育事实、术语、概念、原理等言语信息、体育动作技能、体育动作操作程序等智慧技能、体育认知策略和态度。将体育教学内容按这几种类型进行分类，并分别加以分析。

(2) 学习形式类型分析。

根据奥苏伯尔同化理论，体育概念和原理的学习可以分为上位学习、下位学习和并列学习。将教学内容中体育概念和原理按这三种类型进行分类，并加以分析。

(3) 学习任务分析。

在学习新的知识技能之前，学生原有的知识技能的准备水平称为起点能力。通过一定的教学活动，学生获得的知识技能称为终点能力。介于起点能力到终点能力之间的这些知识技能称为先决技能。学习任务的分析就是对学生的起点能力转化为终点能力所需要的先决技能及其上下左右的关系进行详细剖析的过程。通过学习任务的分析，为教学顺序的安排和教学条件的创设提供心理学的依据。学习任务分析的方法有：归类分析法、层次分析法和信息加工分析法等。

4．设计体育教学方案

这是体育教学设计的中心环节。包括确定课的类型、设计教学顺序、选择教学模式、教学活动设计、教学环境设计和教学媒体设计等。

(1) 定课的类型。

由于体育课有各种不同的类型，有理论课、实践课、新授课、练习课、综合课、复习课和测验课等。不同类型的课有不同的功能，要采取不同的教学方法，有不同的教学过程。因此在设计体育教学过程时，首先必须确定体育课的类型。

(2) 设计教学顺序。

教学顺序是教学过程的前后次序，也就是先做什么，后做什么，它包括以下三个方面：

体育教学内容呈现顺序。指的是体育知识和技能出现的前后次序，先教什么内容，后教什么内容。

教师活动顺序。指的是教师进行教学活动的前后次序，教师先进行什么教学活动，后进行什么教学活动。

学生活动顺序。指的是学生进行学习活动的前后次序，学生先进行什么学习活动，后进行什么学习活动。

这三个方面是同步进行的，必须进行整体设计。

5．选择教学模式

课的类型确定以后，在设计教学顺序的同时，进一步根据不同的教学内容和目标选择不同的教学模式，再具体设计整个体育教学过程的各个环节。

6．设计教学活动

在教学顺序设计的基础上，还要对每一项教学活动进行设计。包括导入设计、情境设计、提问设计、练习设计、讲解设计、演示设计、强化反馈设计和结束设计等。

7. 选择和设计教学媒体

为了进一步激发学生学习的兴趣，提高体育教学的效率，在体育教学设计过程中，必须注意教学媒体的选择和设计。根据学习任务的要求、教学媒体的功能和教学条件等因素，选用适当的教学媒体。

8. 设计体育课堂教学环境

为了使体育教学取得良好的效果，还必须合理地设计课堂教学环境(包括硬环境和软环境)，选择适当的教学形式，营造和谐的课堂心理气氛。体育课堂教学形式有全班学习、分组学习和个人学习等。要根据不同的教学目标、学生特点选择不同的教学形式。

参 考 文 献

[1] 威金斯. 教育性评价[M]. 北京：中国轻工业出版社，2017.

[2] 胡森. 教育测量与评价[M]. 许建钺，等译. 北京：教育科学出版社，1999.

[3] 陈玉琨. 教育评价学[M]. 北京：人民教育出版社，2014.

[4] 樊临虎. 体育教学论[M]. 北京：人民体育出版社，2017.

[5] 高德胜. 知性德育及其超越：现代德育困境研究[M]. 北京：教育科学出版社，2013.

[6] 胡学增，沈勉荣，郭强. 现代教学论基础研究[M]. 西安：陕西人民教育出版社，1993.

[7] 胡增荦，庄弼. 实验新课程与体育教师谈心[M]. 广州：广东高等教育出版社，2018.

[8] 季浏，胡增荦. 体育教育展望[M]. 上海：华东师范大学出版社，2013.

[9] 季浏，汪晓赞. 小学体育与健康新课程教学法[M]. 北京：高等教育出版社，2016.

[10] 金钦昌. 学校体育学[M]. 北京：高等教育出版社，2015.

[11] 靳玉乐. 现代课程论[M]. 重庆：西南师范大学出版社，2005.

[12] 李秉德. 教学论[M]. 北京：人民教育出版社，1991.

[13] 马国顺. 教学设计的智慧[M]. 长春：吉林大学出版社，2010.

[14] 毛振明. 探索成功的体育教学[M]. 北京：北京师范大学出版社，1996.

[15] 毛振明. 体育教学改革新视野[M]. 北京：北京体育大学出版社，2016.

[16] 毛振明. 体育教学论[M]. 北京：高等教育出版社，2017.

[17] 庞元宁，何建文. 体育课程新论[M]. 北京：人民体育出版社，2014.

[18] 皮连生. 教学设计：心理学的理论与技术[M]. 北京：高等教育出版社，2010.

[19] 戚万学．活动道德教育论[M]．天津：南开大学出版社，1994．

[20] 曲宗湖，顾渊彦．基础教育体育课程改革[M]．北京：人民教育出版社，2017．

[21] 曲宗湖，顾渊彦．体育课程导论[M]．北京：人民教育出版社，2014．

[22] 曲宗湖．体育隐蔽课程的基本理论与实践[M]．北京：人民体育出版社，2002．

[23] 任长松．走向新课程[M]．广州：广东教育出版社，2018．

[24] 桑新民，陈建翔．教育哲学对话[M]．石家庄：河北教育出版社，1996．

[25] 体育与健康课程标准研制组．体育与健康新课程案例与评析[M]．北京：高等教育出版社，2003．

[26] 佟晓东，刘铁．体育教学设计与实践[M]．沈阳：东北大学出版社，2018．

[27] 王凤喜，赵春雷．新课程的课堂教学设计[M]．哈尔滨：哈尔滨地图出版社，2018．

[28] 王皋华．体育新课程设计[M]．北京：高等教育出版社，2013．

[29] 王华倬．中国近现代体育课程史论[M]．北京：高等教育出版社．2016．

[30] 王丽娟．教学设计[M]．海口：南海出版公司，2019．

[31] 王文生．体育教学论·方法学·中学体育教材教法[M]．南宁：广西教育出版社，2015．

[32] 王则珊．学校体育理论与研究[M]．北京：北京体育大学出版社，1995．

[33] 威伦．有效教学决策[M]．李森，译．北京：教育科学出版社，2018．